RHAGYMADRODDION

1547 — 1659

RHAGYMADRODDION

1547 — 1659

GOLYGWYD GAN

GARFIELD H. HUGHES

CAERDYDD
GWASG PRIFYSGOL CYMRU
1976

Argraffiad cyntaf 1951

Adargraffwyd 1967, 1976

SBN 7083 0302 1

Argraffiad cyntaf ac adargraffiad 1967 gan
William Lewis (Argraffwyr) Cyf; Caerdydd
Adargraffwyd drwy lun (1976) gan South Western Printers Cyf.

CYNNWYS

CYNNWYS

RHAGAIR

Bu'n rhaid gwrthod llawer rhagymadrodd, enwog ac anenwog. Y mae rhai o'r gwrthodedigion mewn llawysgrifau, ac am hynny, efallai, yn galw'n daerach am eu hargraffu. Yn llawysgrif N.L.W. 716 yn y Llyfrgell Genedlaethol ceir *Llyfr o'r Eglwys Gristnogedd* (1583) gan Rowland Puleston[1], gyda rhagymadrodd sy'n drwm o dan ddylanwad *Llythyr* Richard Davies. Sychlyd yw'r llyfr drwyddo, ond nid felly'r rhagymadrodd gyda'i gyfeiriad at sectau'r cyfnod, 'megis yr Anabaptists, Arrians, Pelagians, a'r cythreulig ffamili o hunan gariad. . . .' Iaith ac orgraff Puleston, yn bennaf, a barodd i mi ei wrthod. A thrachefn Ellis Gruffyth [llawysgrif Mostyn 158] : y mae yn ei iaith ef swyn a chyfoeth arbennig :

—ir ydwyf i yn kyuadde ynno vy hun nad ydwyf i ynn y matter hwn yma onid yn yr un modd o gyfflybiaeth ac i mae yr ysbardun i wneuthud ir march gerdded, hredeg, ne duthio yn gynnt yn i vlaen, ne ynte yn gyffelib i agallen ir gwyr gwybodol dysgedig i hogi i kyllyll i olymu i penne i ysgr[i]u[e]nu yn gysdal i lyuynhau ac i berffeithiav vyngorchwyl i, yr hwn a ddarvu i mi i vrannaru yn gwysau mawr balkiog tragwthun i kysswlld ynn yr hynn nid wyf i ynn kymerud arnnaf amgennach no gwr sympyl disas diddysg anwybodol a vai ynn kymerud arno vod ynn benn llongwr i lywio ac i gyurwyddo llongiaad o wyr o vliant ac annrhydedd dros vor llydan i wlad ynn yr h[o]n ni biasai neb o honnunt twy· irmoed ynn y blaen.

Ond anghyflawn yw ei ragair, a chredaf weithiau mai cyflwyniad yw yn hytrach na rhagymadrodd.

---

[1] Y mae'n demtasiwn ei gysylltu â *Syr Rolant Pilstwn* y canodd Wiliam Llŷn iddo [*Cynfeirdd Lleyn*, tud. 27, 66]. Y mae ach y teulu gan J. E. Griffith : *Pedigrees*, tud. 275 : a gweler hefyd y cyfeiriadau yn y *Calendar of Wynn Papers* ac yn *Clenennau Letters and Papers* yr Athro Jones Pierce.

Anghyflawn hefyd yw rhagymadrodd Richard Owen i'w gyfieithiad o *De Instructione Feminæ Christianæ* Vives— *Dysgeidieth Kristnoges o Verch* (1552)[1], ac ni thâl ond dyfynnu dwy ran ohono :

prolog e llyver hwnn yn traythu tros e treiglwr.
Amravael veddwl a synnwyr y sydd gan amravael ddynion, megis y traytha y poet Persius yni verses ef val hyn :

Mille hominum sensus et rerum discolor usus
Velle suum cuique est nec voto vivitur uno

Rrai sy dda kanthunt rou i meddwl ar bethe daiarol megis ysmonaeth a diwyll y ddaiar i geisio kyvoeth ar ol llyver a wnaeth Vyrgil a elwir Georgica : eraill sy well ganthunt adnabot nerth a rrinweddeu llysieu i gaffael iechyd corfforawl a rrai hynny edrychan neu wrandawan ar waith y poet Marculius. Eraill sy oreu ganthunt edrych neu wrando ar waith Ovydd yn traethu o gariad : ac ar y wedd honno pawb wrth i ewyllys i hunan. Minau pan gevais im llaw y llyver hwnn o waith Mayster Lewys Vives ai ddarllain drosto mi a ddamunais yn vy meddwl vod y merched yn ddyscedic o ladyng ymhob gwlad....

Neithyr er hynny mi a vyvyriais om egwan athrylith i drou ef ir gymraec, yn gynta ir moliant i ddeo, yr ail modd ir rrybydd a chyngor ir holl verched or jaith honn ar ai darlleo neu a glywo i ddarllain, ar trydydd modd o herwydd divyrwch a diddanwch imi vy hunan ac i lestyr i over vyddylieu entrio ynof i drwy seguryd. Ac am hynny yn gimaint a llavurio o honof i oi dreiglo ef chwchwi verched llavuriwch o chwitheu oi ddarllain neu wrando i ddarllein ef a hynny yn vynych ac yn ystic kanis ir myned unwaith drosto ni bydd mor vlassus pob rresswm ac a vydd wrth i vynych ddarllain. A phwy bynnac a ddarlleo y llyver hwnn na veied yn ormod arnafi onid ymendied o achos hyd y medrais i mi a ossodais bob rresswm yn y modd gweddusa, a lle nid oedd gennyf i ddygon o gymraec gedwch vi yn escussodol : mi ai rrois mal i gellir i ddallt yn sathredic....

Gadawyd rhai o ragymadroddion printiedig y cyfnod o'r detholiad hwn, hefyd. Nid yw rhagymadrodd byr Siôn Treredyn i *Madruddyn y Difinyddiaeth Diweddaraf* (1651) yn gofyn am unrhyw sylw arbennig, ond y mae rhai o frawddegau Thomas Powell o flaen *Cerbyd Iechydwriaeth* (1657) yn arwyddocaol pan gofier am y cyfnod a

[1] Llawysgrif Peniarth 403 yn y Llyfrgell Genedlaethol.

hanes yr awdur ei hun :

At fy annwyl gyd-wladwyr y Cymru.
Pan ddaith attal a rhwystr arnom i bregethu 'r Efengyl yn eich plith, yr oeddem yn byrw am wneuthur daioni i chwi y modd goreu ac y gallem er na allem ei wneuthur y modd goreu ac y dymunem. Pan y gostegwyd y tafod, yr hwn oedd unwaith fel *pin scrifennydd buan,* rhaid oedd i wneuthur y pin scryfen i wasanaethu yn lle'r tafod, i beri'r llaw i efengylu yn lle'r geneu, ac i scryfennu attoch y pethau nid oedd rydd i lefaru wrthych. Dyna'r achos y danfonwyd y *Traithiad* byr hwn yn eich mysc, sef i gyfarwyddo rhai, ac i gynnal eraill yn yr iniawn ffordd a'r gowir ffydd.

At hyn, tybiais mai digon fyddai dyfynnu yn fy rhagair ragymadrodd Edmwnd Prys *At y Darlleydd ystyriol* yn *Llyfr y Psalmau* (1621) :

Tri pheth a wnaeth na chyfiaithwyd y Psalmau bendigaid ar yr un o'r pedwar mesur ar hugain.
Vn yw, am na allwn ryfygu clymu yr Scrythur sanctaidd ar fesur cyn gaethed, rhac i mi wrth geisio cadw y mesurau, golli deall yr Yspryd, ac felly pechu yn erbyn Duw er mwyn bodloni dyn.
Yn ail, ymae gair Duw iw ganu mewn cynnulleidfa sanctaidd o lawer ynghyd, i foliannu Duw yn vn llais, vn feddwl, vn galon ; yr hyn a allant ei wneuthur ar y mesur gwael hwn, ac ni allai ond vn ganu cywydd neu awdl.
Yn drydydd, pob plant, gweinidogion, a phobl annyscedic a ddyscant bennill o garol, lle ni allai ond ysgolhaig ddyscu Cywydd neu gerdd gyfarwydd arall. Ac o achos bod yn berthynol i bob Christion wybod ewyllys Duw, a'i foliannu ef, mi a ymadewais â'r gelfyddyd, er mwyn bod pawb yn rhwymedic i wario ei dalent at y gorau. Hefyd nid wyf fi yn cadw mor mesur esmwyth hwn yn gywir ymhob man, am nad oes dim yn ein iaith ni mewn synwyr i seinio nac i odli â Duw. Am hynny i roi iddo ef ei ragor pioedd y gerdd, mi a rois amryw ddiphthongau eraill i gyfatteb â'r gair hwnnw, yn nesaf ac y medrwn.

Diau yr ychwanegir at werth y detholiad hwn drwy imi ddyfynnu'n olaf o ddau gyflwyniad sydd i'w cysylltu â rhagymadrodd William Salesbury i *Oll Synnwyr Pen Kembero.* Y mae casgliad diarhebion Gruffudd Hiraethog yn llawysgrif Peniarth 155 B, sef

lloegr drigiant ddifyrrwch bryttanaidd gymro wedi r gasglu ynghyd o amravaelion lyfrau kymraec drwy waith a llaf[u]r

Gruff Hiraethoc i goffau ac i ddwyn ar gof ir neb o genedl gymry a vo allan oi wlad jaith i gnowdol fam i hunan ai natturiawl ddayaren.

Cyflwynir ef i Risiart Mostyn[1] yn y geiriau hyn :

Och dduw mor angharedic ac mor annaturiawl vydd llawer o genedl gymry ac yn enwedic y rhain a elont allan o dervynau i ganedic natturiawl ddayaren ai gwlad pawb val i bo yr achos yn ymgais ai arvaeth.   Rhai yn alluawl o gyvoeth er gweled a dysgu moes ac arfer tai a llyssoedd brenhinoedd, dugiaid, ieirll ac arglwyddi ac er kaffael kyva adnabod a phob gradd yn i radd : eraill o dylodi ac eisiau a ant allan o i kenefinawl wlad ar obaith daioni wrth i ffortun val i tervyno i tynghedvennoedd.   A phob un or rhai a dariont nemor oddi kartref yn kashau ag yn gillwng dros gof iaith i ganedic wlad a thafodiad i vam gnawdawl.   A hynny a ellir i adnabod pann brofo yn wladaidd draethu Kamberaec, arr lediaith i dafod ac mor vurssen, er na ddysgawdd iaith arall, na chroyw ddowaid iaith i wlad i hun, a hyn a ddoetto mor llediaith floesc lygredig ar ol iaith estronawl.   Am y vath ddynion hynny y traetha y bymed ddihareb sydd yn dechre ac R[2]. . . . Ac velly pa angharedigrwudd vwy ar ddyn no gyrru i vam gnawdol allan o i dy a lletyvu estrones ddidras yn i lle. Nid kimaint barn ar y neb a yrrawdd adfyd a thylodi o i wlad er ebargofi i anedic iaith a phrissiaw llai arni ac i r neb oedd urddassawl a chyvoethawc yn i wlad ; i hwnnw y mae y gwladeiddrwydd mawr gyvarfod ac vn o i gydwlad a heb vedru amddiddan ac ef yn yr vn modd ac yntau val i buassai gynt.   Er hynny i gyd ni aill neb ond a allo ac velly ni ddychyn dyn yn y byd ddaly yn i gof y peth y bo yn rhyhir heb i weled na i glwybod nac arfer ac ef.   Rhac hynny genn obaith y gorau ac ofni y gwaethaf vv achos a wnaeth ymi veddwl am danoch ac ysgryvennu y llyfr hwnn i ddifyrru y dydd, ac wrth hynny ymarver a chadw ych kyssefiniaith yn ych kof, gann dybiaid y byddai flin genywch ddarllain chwedlau rhyhirion ac mae melyssach a gwell oedd ressymau byrrion ffrwythlawn.   Y dolwyn i chwithav na bo blinach genywch ddarllain y llyfr hwnn noc fi genyf inav i gasglv o amrafaelion lyfrav ai ysgryvennv, achos dolur oedd genyf o bai ddim diffic ar vab ich ych vrddassawl dad chwi ach mam.   A phae bai iaith o r neilltv i bob gwlad a mam, ni vynnwn i i chwi esgeilusso na throssgofi iaith ych ganedic wlad ac

---

[1] Y mae rhagymadrodd byr i'r casgliad, hefyd, ond nid yw cyn bwysiced.   Mewn testun arall, llawysgrif Llanstephan 52 B, troir y cyflwyniad hwn yn rhagymadrodd *At y ddiledriw voneddigaidd Frutwn pwy bynnag fo.*

[2] 'Rhwng y ddwystol yr aeth y din i'r llawr.'

vrddassawl vam achos i bod yn yr orav o r mamav ar sydd yn traythv iaith gamberaec o gyd ddaioni vrddassryw kenedl a chanmoledic arferion, a hynny hyd y mae vynghyvadnabyddiaeth am kyfiownfarn wrth vynghydwybod val i r attepbwyf ddydd brawd gar bronn Duw yr hwn a fo kymhorthwyawdr a cheidwad ach ych meistrolaeth wrth gyflawn wyllys a chwbl ddamvned ych mam gnawdawl a ch kalon ych hvnan.

poed velly gwir fo.

Y mae'r ail gyflwyniad [llawysgrif N.L.W. 6434 D[1].] at y Brytanaidd Voneddigion master Richard Longford o Drefalyn, master Humfre Lloyd o Ddynbych a master Jankyn Gwyn o Lan Idlos

gan William Salesbury ei hun, a gwelir ei bwysigrwydd a'i debygrwydd i rai o'r rhagymadroddion cynnar yn y dyfyniadau canlynol :

Gwedy ry ddarvot y ddirgeledigaeth wyllys y gorv-chaf ddyw welet bod yn iawn ddwyn y ddyar gamberv y tri gwladwyr anhepgoraf ar y veddei yr gwir enait, ymgeledd a chwbl addvrn yr iaith, nid amgen y gwr dwywoldysg Master Talai (fo dalai lawer o wyr dysgedig deevbairth), Master Edward Gam (gwr oedd gam pe mynessei Ddyw amgenach vot ebddaw yn gwlad Vrycheiniog), a Gruffith ap Ievan ap Llewelyn Vachan (gwr nid bachan i gwyn gyd a ninev yn Ros a Ryvoniog) : ag och Ddyw gwedy ein gado mor ymddivat am y tri hyn i ble mwy y mae y neb wyllysey gimmennv na thrwsiaw dim ar yr iaith vynd i ge[i]ssio dim porth na chyngor? I ble heddyw, meddaf, ydd a nep onid at vn o honoch chwi wyr da dysgedig, yr ei er maint y sy genich o bybyr wybyddiaeth mewn amryw iaithoedd eraill nid yw chwi mal dynionach evddilddysg, kegsython, afrywiog, nag yn tremygv dywodit yr iaith, na chwaith yn anwiw genych ei hiawn eskryvenv ai hachvp rrag hi mynet val ydd aeth Britanneg Kernyw yn yr ynys hon a Brytannaeg brytaniet Llydaw yn y tir hwnt tra mor, yn llawn llediaeth ag ar ddivankoll hayachen. Ag wheithian i espesv ywch vy amkan wrth peri printio r llyfran diarebion hyn bob ailres yn vers ag yn bapyr gwyn, ie, ag yn gyfryw bapyr ag a ellir yskryvenu arno—sef yr oeddwn yn meddwl

___

[1] Adran VI : *Crynodeb o r Diarebion Sathredig.* Awgrymir mai fel ail argraffiad o *Oll Synnwyr Pen* y lluniwyd y casgliad hwn. [Erbyn hyn dangosodd Mr. Alun Mathias fod copi amherffaith o'r ail argraffiad hwn, sef *Y Diarebion Camberaec,* yn yr Amgueddfa Brydeinig ; gw. ei draethawd M.A., *Aftudiaeth o Weithgarwch Llenyddol William Salesbury* (1949).]

kahel gan y chwi yn benaf, a chyfryw r ei eraill o ymgleddwyr
iaith ei mameu, gynnvll angwaneg at yr ei hyn gan eu dody a u
kyflev megis i medrwchwi yn dda yn ev mannev kyfaddas.   Ag
er kyflawni vy deisys hyn y dechrevaf arna ti, master Longford,
canys val ydd wyt yn hynnaf, velly y mae yn iawnaf disgwyl y
blaenffrwyth kennyt.   A mi a glowais ddarvot i ti eisvs gasglv
swrn o ddarebion amgenach na rei hynt yma, yr ai mi a wn nas
gwnathost nag er dy vwyn dy hun, nag val y gwas drwg yw
gvddio yn y ddayar.   Titheu master Hunfre Lloyt, yr hwn y
ddleyt y blaen ar bawp o ran gwbledd a theilyngdot pop ryw
gorevddysg a boneddigeiddrwydd anianol, lle ni ddlei vot y gan
y ti tra amlder o ddiarebion kamberaig ti ally eisioes ag a vedry
ddethol a dichlin niver o r ei byrraf a synwyrolaf o r diarebion
Italaeg eu genysgaddv bopvl dy wlat er mwyn lliosogav yddynt
mwy o ddoethineb doethion y wlat hono.   A thithev master
Jenkyn Gwyn kyd bych iangaf oll o honoch eich triodd, ag
erwydd hyny yn olaf yn esgrevenv yma, yn wir ddiav nit wyt
heddyw nag yn olaf o ddysg nag o gampev kerddgar ag o ddioni
rhinweddol ymplith ni, mawr yn oll Kymru ben baladr.   A chan
hyny, ag am i mi glyvot dywedyt ddyvot ar dy law di venthig y
llyver goch o Hergest yr hwn a welais i dair blynedd i wyl vichael
aeth heibio yn Llvdlow gid a syr Harry Sydney arglwydd president,
ag val i gwyddoch arglwydd deputi r Werddon heddyw, gwr
sydd teilwng ei goffa ar bop dayoni, yn yr hwn ymplith lliaws-
awgrwydd o bethau godidawg eraill y gwelwn gynullva ample o
hen ddiareibion Kamberaig wedy r esgrevenv yn ol trenf y
gwyddor sef a. b. c. etc. . . . y byddaf mor ehofn a deisyf arnat
ethol allan o blith yr ei hyny y sawl nid ynt yman av plany yn y
lleodd rragddarparedig yddynt. . . . Ag mal hyn y kanaf yn iach
y chwi dros yn o bryd gan erchi i r gorvchaf Ddvw rwyddhav
rhagoch yn gystal ym materion devnyddfawr ag yn y pethev
bychedigion hyn yma, Amen.

O r vonwent yn y Gaer yr xxi o Tachwedd 1572.

Wrth lunio'r testun ceisiwyd cywiro'r gwallau argraffu
amlycaf, ond ni wnaed un newid heb fod sicrwydd am
ffurf y gair.   Weithiau, wrth ddyfynnu o lawysgrif, bu'n
rhaid diwygio'r atalnodi a'r priflythrennau, hefyd. Gwrth-
odwyd yr arwyddion arbennig sydd gan rai o'r awduron,
megis $bh \equiv f,\ dh \equiv dd,\ lh \equiv ll$, etc.   Y nod oedd cael testun
dibynadwy o ffynonellau neilltuol bwysig i fyfyrwyr hanes,
iaith a llenyddiaeth.   Unig amcan yr ychydig nodiadau
ychwanegol yw hwyluso peth ar waith myfyriwr.

Manteisiais lawer ar gyngor yr Athro Parry-Williams a'r Dr. Elwyn Davies, ac ar ofal yr argraffwyr. Y mae fy nyled i gyfeillion yn fawr, yn arbennig i Mr. Thomas Jones, Mr. B. R. Rees, a Mr. R. J. Thomas.

GARFIELD H. HUGHES.

Coleg Prifysgol Cymru,
Aberystwyth.

RHAGYMADRODDION
1547 — 1659

I. SYR JOHN PRYS

Yny llyvyr hwnn . . .

[1547]

E Kymro yn danvon Annerch at y darlleawdyr.

Yr awr nad oes dim hoffach gann ras yn brenhin urddasol ni no gwclet bot geirieu duw ae evengil yn kerddet yn gyffredinol ymysk y bobyl ef, y peth y ddengys y vot ef yn dywyssoc mor dwyvawl ac y mae Kadarn. A phan roes eiswys gymmaint o ddonieu presennol y genedyl Kymry ny bydd llesgach y gennadhau yddyn ddonyeu ysprydawl.

Am hynny gweddys yw rhoi yngymraec beth or yscrythur lan, o herwydd bod llawer o gymry a vedair darllein kymraeg, heb vedru darllein vn gair saesnec na lladin, ag yn enwedic y pynckeu y sy anghenrheydiol y bob rhyw gristion y gwybot dan berigyl y enaid, sef yw hynny : pynckeu yr ffydd gatholic, ar weddi a ddysgoedd duw yni, a elwir y pader, ar deng air deddyf, ar gwydyeu gochladwy ar kampeu arveradwy.

Ac er bod y rhain gyda llawer o betheu da eraill yn yskrivennedic mewn bagad o hen lyfreu kymraeg, etto nyd ydy yr llyfreu hynny yn gyffredinol ymysk y bobyl. Ac yr awr y rhoes duw y prynt yn mysk ni er amylhau gwybod-aeth y eireu bendigedic ef, iawn yni, val y gwnaeth holl gristionogaeth heb law, gymryt rhann or daeoni hwnnw gyda yn hwy, val na bai ddiffrwyth rhodd kystal a hon yni mwy noc y eraill, ac er ym ddymyno gwybod o bob un om kiwdawdwyr i yr kymry saesneg ney ladin, lle traethir or petheu hyn yn berffeithach, etto am na ellir hynny hyd pan welo duw yn dda a wahanoedd ieythodd y byd er yn

3

kospedigaeth ni, pechod mawr oedd ado yr sawl mil o
enaideu y vyned ar gyfyrgoll rac eiseu gwybodaeth y fydd
gatholic, ac y sydd heb wybod iaith yny byd onyd kymraeg.

Kanys heb ffydd ny ellir rhengi bodd duw, ar perigloryon
y sy yny mysk oswaethiroedd, y naill ae nys medran, ae
nys mynnan ddangos yw plwyvogyon y petheu y maen yn
rhwymedic y llaill yw dangos, ar llall eu gwybod, duw
ae dycko yr iawn ac y adnabod y perigleu, pa wedd y gorffo
arnyn atteb am yr eneideu elo ar gyfyrgoll drwy y heisieu
hwy. Ac er bod y gofal mwya yn perthyn yr periglorion,
etto ny bydd neb dibwl ac y rhoes duw ddonyeu ney
gyfarwyddyd yddaw, ny wnelo y peth y allo er hysbyssu
yddy gydgristion y pynkeu y sy mor anhepkor ar rhain.
Ac am hynny gyt a gwelet vot rhan vawr om kenedyl
gymry mewn tywyllwch afriuaid o eisieu gwybodaeth duw
ae orchymineu ac o herwydd hynny y dygwyddon mewn
dyfynder pechodeu a gwydyeu yn rhagorach na chenedloedd
eraill, ac am synyeid y bod a donyeu da o synwyr a deall
gwedy y dduw y rhoi yddynt, val y gobeithwn y bai hawdd
gentyn wellau eu drycarveron onyd discu yr iawn fordd
yddyn, mi a veddyliais er kariad vyngwlad roi yddyn y
pynkeu hyn ynghymraeg er dangos blas yddyn o velysper
ewyllus duw ac er kadw eu henaidieu, y rhai ny allo ennill
kyfrwyddyd rhagorach drwy ieithodd eraill, y peth y
ddymynwn yddyn y geisiaw yn ddyfal. Weithian dangos-
swch vynghytwladwyr o hynn allan nad o ddrwc anian
onyd o eisieu gwybodaeth y byoch veiys kyn hynn, na
edwch y minney gymryd hynn o dravael yn ddiffrwydd
dryssoch, ac yn lle kwbyl o dal am yn rhavael y kymmeraf
inney, os chwi a gymmer ffrwyth o hynn. drwy dduw ae
rad heb yr hwn ny cheffir dim ac y vo da, yrr hwnn y bo
gogonyant tragwyddawl, poet gwir.

II. WILLIAM SALESBURY

A Dictionary in Englyshe and Welshe
[1547]

Wyllyam Salesburi wrth y darlleawdr.

Onid odit ddarlleydd bonheddigaid nid anghyssyltbell
vyssei ddangos a datclario pa lesaad pa vudd a phwy
broffit a ddelsai ir neb a dreuliai ddim amser wrth ddarllen a
mefyriaw ar y llyfer hwn oni byssei ddarfod or blaen i
oruwcheldab awn harglwydd vrenhin au gyncor edrych
arnaw ai dderbyn eissoes yn lowedic gymradwy o help a
chanhorthwy kychwyniad tywysogaeth at Iaith saesnaec
A chan vod hefyd llywadraeth kalon brenhin (vegys y
kyttystia r ysgrythur lan) drwy law ddew, yr hwn a gatwo
eu ras yn hirhoedloc lwyddianus ffynadwy Amen. Onid
bellach i nessau tu ar peth kyfreitiaf a chyssonaf yngan a
sonio am tanaw yn y vangre hon sef er mwyn Kymbry
or nid oes gantunt angwanec o ddyfynder athrowlythyr
onid medry o vraidd ddew, ddarllen iaith eu mameu i, r
hai hynny yn vnic o chwenychant vegys y dylent vynny
kyfrwyddyt i ddarllen a deall iaith Saesnec iaith heddyw
vrddedic o bob rhyw oreuddysc iaith gyflawn o ddawn a
buddygoliaeth ac iaith nid chwaith anhawdd i dyscy
vegys y may pop nassiwn yn i hyfedyr ddyscy eb edrych yn
llygat y boen na r gost ac yn angenrheitiach i ni r Kymbry
no neb wrthei er esceuluset genym am y peth : Ir hai
annyscedic hyny meddaf yd yscrifenned hyn o wan
athrawaeth ac nid ir Rai tra chyffarwydd. Onid atolwg i
chwi y Rei sydd a mowrddysc genwch ac a wyddoch Rac
mor werthfawr yw Dysc ym wneuthur awch hunain yn ol

ddull saint Pawl ympop peth i pawp A moeswch hefyd
(val y dywaid yr unrhyw Pawl) [modd yr abwydir rhai
bychain a bara a llaeth borthi o honawch chwitheu yr
anyscedic a mwydion ych goruchelddysc ac nid a godid-
owocrwydd athronddysc. Ac velly os chwchwi ni chvdd-
iwch dryssor yr Arglwydd onid i gyfranny yny gyfle i r
angenogion o ddysceidaeth a doethineb ai gyfryw betheu
ereill : Gobeitho i dyry duw vath ysprydoldeb vddunt
hwytheu ac na sathrant val moch dim och gemau nach
main gwyrthfawr ac na chodant ich erbyn val kwn ar
vedyr awch brathy Eithyr etto eilwaith i ymady a chyfeilorn-
son, ac or diwedd i ddechreu ar hysbysy a silltau hanes ac
ystyriaeth y llyfer yma Ac yn gymeint nad ynt y llytthyren-
neu yn vn ddywedtat nac yn vn draythiad yn sasnec ac
ynghymraec : Yn gyntaf dim yddys yn datkan ac yn honny
pa ddelw y darlleir ac y trayther hwy yn ol tafodiad y Saeson
ac yno esampleu o eirieu kyfaddas yn kynlyn A chwedy
hynny y mae y Gairllyfyr ner Geiriawc saesnec yn dechry
yr hwn a elwir yn saesnec an Englis dicsionary ys ef yw
hyny kynullfa o eirieu seisnic achos kynulleidfa o eirieu
seisnic yd ywr holl llyfer hayach Yn yr hwn os deliwch
yn dda arnaw y ddys yn kadw order a threfyn ynto : o
bleit ni chymysced dim or geirieu bendromwnwgyl ynto
val y damwyniai vddunt syrthio ym meddwll or tro kyntaf :
Eithyr ef adfeddylied vyth er mwyn yr anyscedic gyfryw
vodd ac y darfy helkyt pop gair (hyd y deuei kof) yw van
gyfaddas ehunan : Ac velly yr holl eirieu ac a yn y llythyren
gyntaf oe dechreu a gynulled i gyd i r vnlle : A phop gair yn
dechry a b yn yn llythyr kyntaf o honaw a ossodet or neull-
tuy : Ar geirieu a c yn eu dechreuad a wahaned hwytheu
or neilltuy : Ar geirieu a ddechreant ac ch a ddidolet
hwynte ehunain A rhei a d yn y kychwyn a gasclet ac a

ossodet mewn man arall Ac val hyn y rayed y llaill pop vn i
sefyll dan vaner i Captenlythyr ddechreuol Ac wrth hynny
pan chwenychoch gaffael Saesnec am ryw air kamberaec :
Yn gyntaf edrychwch pa lythyren vo ynnechreur gair
hwnw yn anianol o bleit os a vydd hi spiwch am tanaw
ynplith y Restyr eirieu a vont yn dechre ac a ac yn y van
hono ar y gyfer yn y rhes o eirieu saesnec y keffwch
Saesonaec iddo Eithyr gwiliwch yn dda rhac ych twyllo yn
kam geisio gair allan oe van briod gyfaddas vegys pe i
keisiech vn or geirieu hyn yr ystym ar agwedd y maent yn
gorwedd yn y pennill yma *Mae i mi gangen dec o vedwen*
Achos ni wasnaetha ywch wrth geisio saesnec am *gangen*
chwilio am danaw ymysc y geirieu yn dechreu a g namyn
ymhlith y geirieu a vo k yn y dechreu y dylech espio am
danaw ay Saesnec vydd gar i vron : Canys y gair kroyw
kyssefin ydyw *kangen* ac nid *gangen* kyd bor ymadrodd
kymraec yn kyfleddfy k yn g ac yn peri sonio t val d a b ual
v yn y geiriey hyn *dec o vedwen* Ac am hyny rhait i chwi
graffy byth pa lythyren a vo yn dechre r gair pan draether
ar y ben ehun allan o ymadrodd vegys y dangosseis vchod
Ac velly yn ol y dadawc naturiol draethiad y mae i chwi
geisio o mynwch chwi gael pop gair yn y gairllyfer yma
O bleit vegys na ddysgwyl neb onid ynfyd pan el i wiala
ir koet gaffael gwiail yn tyfy yn vn ystym y byddant wedy r
eilio am gledyr y plait velly r vn modd ni ddiscwyl neb
onid rhy angcelfydd gaffael pop rhyw air yn y gairllyfyr
yn vn ystym nag yn vn agwedd i ddywediat a chwedy i
blethy ymparwyden ymadrodd Ac eb law hyn oll a ddywed-
ais ymblaenllaw kymerwch hyn o gyngor gyd a chwi y
sawl gymry a chwenychoch ddyscy gartref wrth tan Saesnec
Nid amgen no gwybod o honawch na ddarlleir ac na
thraethir pop gair saesnec mor llawnllythyr ac mor hollawl

ac yd screfenner Uegys hyn God be wyth you yr hwn a
draetha r kyffredin God biwio : A swrn o eirieu ereill a
yscrifenir hefyd Ryw sillafeu ynthunt yn vn ffunut eithyr
ni ddarlleir ddim honunt or vn ffunut val y rhai [hyn] or naill
ddarllenyad bowe, crowe, trowe ar hain a ddarlleir bo
bowa : kro bran : tro tybyeid A rhai hyn hefyd a escrifenir
y pen diwaythaf vddunt yr vn ffunut ac ir llaill or blaen
eithyr i ddarllen a wnair yn amgenach cowe, lowe, nowe,
narrowe, sparowe y rhai a ddywedir yn gyffredin val hyn
kow buwch : low lowio : now yn awr : narrw kyfing :
sparw ederyn y to Ac am gyfiyw ddamwynieu yr hyn y
byddei ryddygyn ir ddarlleydd i nodi pe doe kof chwaith i
scrifeny mae goreu kyngor a vetrwyf vi i'r neb (val y
dywedais ymlaen) or ni edy anghaffael iddo vyned i loecr
lle mae r iaith yn gynenid ymofyn o honaw ac vn a wypo
Saesnec (o bleit odit o blwyf ynkymbry eb Sasnigyddion
yntho) paddelw y gelwir y peth ar peth yn sasnec.   Ac yno
dal a chraffy pa vodd y traythai ef y gair ne r geirieu hyny
yn saisnigaidd a chyd a hyny kymeryd y llyfer yma yn
angwanec o goffaduriaeth yn absen athrawon ac yn diffic
dyscyawdwyr yr iaith   Dewch yn ach a

Dyscwch nes oesswch Saesnec
Doeth yw e dysc da iaith dec.

III. WILLIAM SALESBURY

Oll Synnwyr Pen Kembero Ygyd
Wedy r gynnull, ei gynnwys ae gyfansoddi mewn crynodeb
ddosparthus a threfn adidawc drwy ddyual ystryw
Gruffydd Hiraethoc prydydd o
Wynedd Is Conwy
[1547]

William Salesbury wrth y darlleydd Camberaecgar.

Wrth ryw drawsdreiglo dysymmwth ar vy llyfreu gosegur :
e ddamwyniadd y myvy caffael Copi o ddiarebion Cam-
beraec, y ddaroedd y myuy y daer-copio am llaw vy
hunan o un o lyfreu Gruffyth Hiraethoc, prif prydydd
o Wynedd. O bleit tu a thair blynedd weithan i Kalan-
Mai diwethaf, y dygwyddadd arno gyttall cydymddaith
fordd a myuy o Cymbry hyd yma. Ac yno y brith
letreteis copio hyn o ddiariebion oe lyfyr ef megys y doedeis
yr awrhon ym blaenllaw. Ac o llatreteis nyd gwaeth y
lyfer ef ddim (o bleit e roesadd i venffyc ei ddarllen ac ei
deimlo eissoes) ac nyd anllai niver y diarebyon anyd ynt
vwy : eb law cahael trwy r llatrat yma meuvy, mil o Cymbry
ddysceidaeth, llesahad, a diddanwch o ywrthaw : Pwy
rei (a nys darvu yddyn ddigenetly yn rybell) a ddoedant
heuyd Hawdd amor etto i Gruffyth Hiraethoc dros y
ddiarebion. Ac och ddeo (meddaf vi) na byddei cynniver
ar a vedd oll Cembry o lyfreu or iaith (rei y vei gwiw)
wedy r lladrata or modd hynny. Ac e vyddei haws i
Cembro ddeall y pregethwr, wrth pregethy gair Deo.
E vyddei haws o lawer, ir prechethwr traythy gair Deo
yn ddeallus, Ac a vyddei haws i wr dyscedic o Cambro

wedy bod yn hir allan oe wlad, ac anghynefino ar iaith,
cyfieithy iaith arall, ar iaith einym. Ac am hynny atolwg
y chwy nyd er vy mwyn i, anyd er mwyn Deo, nyd er
pleser na serch arno vi, anyd er carat ar ddeo, er lles ych
eneitieu ych hunein, er tragyvythawl glod ywch (y sawl ae
gwnel) a dianck o ywrth poeneu yffernal, pob un o hanawch
ys ydd yn meddy nac y perchenogy llyfreu n y byd o iaith
Camberaec, attolwg ew cludo at pwy ryw sawl Gymbry
pynac a vo hyspys genwch i bod yn darbod yn naturial
tros ymgeledd gwladwrieth yr vnryw iaith. Oh y pa
peth ydd yngeneis i am wladwriaeth, can na ys gwyr
Kymbro heddyo o pa han yw gwladwriaeth. Ond etwa
eruyn ac atolwg ychwy gludo ych llyfreu (bid wyn dda
bid yn ddrwc) at y ryw ymgleddgar wladwyr a hynny.
O bleit megys y meidyr y wenynen hela mel ar yr un
llyseun ac yr hela y prycopyn wenwyn : velly y meidrant
wythe wneuthy defnydd da melyswiw, or llyfyr gwaythaf
ac or araith vustlaf ac oueraf y sydd ar ych elw mewn
escriven. I ba beth y gedwch ich llyfreu lwydo mewn
coggleu, a phryfedy mewn ciste, ae darguddio rac gweled
o neb, a nid chwychwy ech hunain ? O bleit o ran ych
bod chwi yn darguddio hen lyfreu ych iaith, ac yn enwedic
y rei or yscrythur lan, nyd byw r Cembro er dyscedicket
vo, a veidyr iawn drathy r yscrythur lan y chwy yn
Camberaec, can y bregnach ar y priniaith ydd ych chwi yr
oes hon yn gyffredin. A ydych chwi yn tybieit nat rait
amgenach eirieu, na mwy amryw ar amadroddion y draythy
dysceidaeth, ac y adrodd athrawaeth a chelfyddodeu,
nag sydd genwch chwi yn arveredic wrth siarad beunydd yn
pryny a gwerthy a bwyta ac yfed ? Ac od ych chwi yn
tybyeit hynny voch tuyller. A chymerwch hyn yn lle rybydd
y cenyf vi : a nyd achubwch chwi a chweirio a pherfeithio r

iaith kyn daruod am y to ys ydd heddio, y bydd ryhwyr y
gwaith gwedy. Ac a ny bydd dysc, gwybodaeth, doeth-
ineb, a dywolwch mewn iaith, pa well hi na sirmwnt
adar gwylltion, ne ruat aniueilieit a bwystviloedd? O
bleit e veidyr yr adar ar aniveileit, trwy eu siarat ae bugat,
ddyall y gylydd yn hyspys ym pop chwedyl a vo yn
perthyn ynghylch i trwyddet ai hymborth a hanas i cyrph:
ac a wddant ym-blaen llaw yn well nag y gwyddoch chwi,
pa ryw ardymmer vydd ar yr hin, a llawer o ryw wybydd-
ieth a hynny. Ef wyr llawer Nasion y saith gelfyddyt,
or ny chlypu er oed o ywrth Christ. Ny wyddoch chwi
er ech ehud cymmendot, nag vn gelfyddyt perfeith, na dim
yn iawn ddilwgyr o fydd Christ. Ond gwrandewch ·
chwi etto pa peth a ddywedaf vi wrthych chwi, y sawl ny
bo gobeith ywch ar ddyscy saesnec ne iaith arall y bo
dysc ynthei: Gwrandewch (meddaf) pa ddywedwyf
wrthych: A ny vynwch vynet yn waeth nag aniueilieit
(y rain ny anet y ddyall mal dyn) mynuch ddysc yn ych
iaith: a ny vynnwch vod yn vwy annaturial na nasion y
dan haul, hoffwch ych iaith ac ae hoffo. A ny vynwch
ymado yn dalgrwn dec a fydd Christ, a ny vynwch yn
lan syth na bo ywch ddim a wneloch ac ef, ac any vynnwch
tros gofi ac ebryfygy i ewyllys ef y gyd achlan, mynwch yr
yscrythur lan yn ych iaith, mal ac y bu hi y gan ych ded-
wydd henafieit yr hen Uryttanneit. Eithyr gwedy wynt
wy, pan ddechreodd ych Rieni chwi, ae gohelyth wynt,
(mal ydd hyspysa hen Cronicls) ddiystyry a diurawy am yr
yschrythur lan, a gadael i llyfreu hi y orwedd yn gwrachot
llychlyt mewn congleu didreigl ddyn, ac ystewy a moliant
Deo, a hoffy cloduory eu enw ehunain: yd aeth Deo ac a
baradd yddynt gael i galw yn aliwns ac yn estron genetl
yn y ganedic wlat ehunain ac a baradd yddynt gasay a

fieiddio iaith i mammeu, rac dyscy o honynt drwyddhi, y
iawn adnabot ef, a rac bot trwy hynny yn catwedic.   A
llena weddill yr hen velltith ddeo er yn oes Kad-waladr
vendigeit.   Ond o mynwch ymwrthot ar hir vaith velltith
hono, gestyngwch ar dal glinieu ych calon y erchi gras
ar ddeo.   Pererindotwch yn droednoeth, at ras y Brenhin
ae Gyncor y ddeisyf cael cennat y cael yr yscrythur lan yn
ych iaith, er mwyn y cyniver ohanoch or nyd yw n abyl,
nac mewn kyfflypwriaeth y ddyscy Sasnaec.   Ond pe
bysei rei om gwlad mor vwynion a gady ar vy elw yr
eino vyhun, mi a wnethwn (a gatwydd) o vudd ac o les
kyffredyn mewn suwt betheu a vedryswn a ryw Cembro
arall.   Ond yr owrhon can yddint vy anreithio am espeilio
mor llwyrgwbl, yn lle gweithret nyd allaf vi hayach ond
ewyllysy twrn da im gwlad, ac eruyn y ddeo ddanfon
yspryt gwell yn caloneu vecgwrthnebwyr.   Ac am hyn o
weithret sef am gyffredino hyn o ddiarebion, ny ddylaf vi
ddim angwanec diolch genwch mwy nag un a godei y
gwerchyr ne gayad o yar saic ne phial a ddygsit geyr ych
bron.   Eithyr (pe bei na thal na diolch yn yr oes heddy am
vath petheu) e ddylye Gruffyth Hiraethoc (pwy trwy
ddyual y afrifed athrolythyr a poenws yn clascy, yn cynull
ac yn helkyd yr oll ddiarebion hyn yr vnlle) gahel y ryw
ddiolch ac a hayddei hwn a vyddei yn kyrchy ar traws
byt, ac yn arwein pop ryw oreusaic ac ew dody yn rat geyr
ych bron.   Bychan ac ouer genwch chwi ywaith ef ar hyn
yma o orchwyl, tu ac at perfeithio r iaith.
Ond im tyb i, nyd bychan o gymporth tu ac at adeilat tuy,
yw cludo y sylueini, ae goet, ae gwnio, ae gody, ae roddy
dan y wydd.   Ac atolwc (o chreffwch yn dda) pa peth
amgenach yw diarebion mewn iaith, na sylueini, na gwadne,
na distie, na resi, na chyple a thrawste, na thuylathe a

nenbrenni mewn tuy ? A nyd yr vn nerth yw diarebion y
gynal yr iaith, a r escyrn y gynnal y corph ? A nyd yr vn
pryduerthwch yw diarebion mewn iaith, ar ser yr fyruauen?
Ac a nyd yr vn fynyt yw diarebion mewn iaith a gemme, a
main gwyrthuawr ymplith caregos sathredic ? Ie pa beth
yw diarebion a nyd ryw wreichion o anueidrawl ddoeth-
ineb Deo, y ar ddangos gwneythyr dyn gynt ar lun y
antraethawl ddelw ef ? Ac y vyrhay, pa beth amgenach
meddaf yw diarebion, anyd dywediadeu byrrion synn-
wyrol kyngorus o rei ny chahad vn er oed yn palledic :
yn y rhein yr ymgyffred ac y cynnwysir oll synwyr a
doethineb yr iaith ne r nasion ae dychymygawdd yn
gyntaf. Ac am hyny y galweis y llyfer hwn o ddiarebion
Camberaec, yn synnwyr pen Cembro. Mi a alleswn (ac
ny vesei rybell chwaith o ywrth y testyn) y alw yn Eneit yr
iaith ne yn Merion Camberaec : anyd bot yn cyssonach
y cenyf vi yr enw arall. Er hynny y gyt, a bydd anuoddus
na chyrtith y can nep yr enw, newidet yn y batydd escop.
Hefyd a bydd vn ddiareb o hanynt mor tywyll (yn aill ai
y can heneint yr iaith, ai o ran llediaith y vro, ai o neulltur-
wydd synnwyr y dychymygydd kyntaf, ai o cam traethiad
tauod yr andyscedic, ae ynte o ba ryw achos pynac arall)
gouynnwch yr pen awdur hwn a lavuriadd yn y peth :
ac nyd ankyffelyp vyddwch y gahel gwybyddieth deonglus
a synnwyr ddeallus y canthaw. O bleit megys (od ys-
piwch yn dda) y darparws ef ynddyscedic wrth gynull y
diarebion hyn oll, e gesot wy mewn gwedd ac ordr tra
threfnus, velly may n ddiogel, na bu ef mor anynat nac mor
sceulus nad ymchwetlws e yn vanolgraff ympale, a phwy, a
pha amser y traethwyt pop vn o naddynt: ae iawn hanas
gyd a hynny. Ac etwa vyth, rhac y chwy tybieit, vot
gwaith y Kembro gwladwrâidd hwn ar hyn orchwyl mor

wael, mor ddisynnwyr, ac mor anwyw ac na hayddei
vnwaith gramersi. Gwybyddwch chwi yn ddinam yr hen
vrytanieit dyscedic trauailio ynghylch yr vnryw waith.
Megis y gwnaeth gweddill yr Athraon dyscedic pwy
gynullwyt y wneythy Kyfraith Hoel dda. A megys ac y
gwnaeth y dyscedic vardd pwy a gant Englynion yr eiry :
ac Eneurin Gwowdrydd pwy gant Englynion y misoedd,
y reyn oll sydd yn llawn diarebion, eithyr weeu plethu
mor vwyn ac mor gelfyddydys a synnwyreu sathredigion
(mal yn wyddor ar draethawd ir popul anllythyrennawc)
ac na wyr nemor o ddyn vaint o ystryriol dywysogaeth
coffaduriaeth sydd ynthynt. Uelly y gwnaeth gwr
dyscedic (a elwir John Heywod) yn Sasnec er mwyn y
Sason gwyr y wlat ef. Eithyr Polydorus Uergilius gwr a
hanyw or Ital sef o wlat Ruuein ac vn or dyscedickaf
heddy o wyr llen Lloecr, (kyd nad da i air i Cembro)
e a glascadd lawer o ddiarebion yn Llatin ir vnlle. Either
Erasmus Roterodamus yr athro dyscedickaf, huotlaf,
ac awdurusaf yn Cred oll or a vu in oes ni ac ys llawer oes
or blayn, efe a clascadd nyd cant, nyd mil, nyd lleng, nyd
myrdd, nyd Riallu, ac nid buna anyd caterua vawr o
ddiarebion Groec a Llatin, ac ae kyfansoddes yn vnllyfr,
megys ac y gwnaeth en bardd ni yma. Ac a dybygwch
chwi y byddei gwyr kyn pwyllocket a reini, kyn ddys-
cedicket a rein, a chyn arbennicket a hwn, mor ddiwaith a
phoeni yn cwlymmy mytroed godidoc, ac yn escriueny
llyfreu lluosawc, a ny bysei yddynt a rac wybot a deall
ym blaenllaw vod dirvawr profit, budd anueidrawl, a
lleshad afriuet yn tyfy yr darlleodron ae ymaruerymt ?
Ac welly os ynuyd y rein ackw, ynfyd yw hwn : ie ac as
doethion y rein ackw, paam nad doeth hwn, ac ynte yn
dylyn yr vn athrawaeth ac wyntwy ? Pop oes a adawodd

Maugant, Merddin Embris, a Thaliesin ef a Merddin
wyllt eu ddiscipl, ac Ystuduach vardd yn ddoethion yn
ddyscedic ac yn gymen. A may o waith y bardd hwn,
amryw vydroedd eithyr yn Cemberaec yn cystal eu deunydd
ae dyual, anyd bot yn well eu cytcan, ac yn vanylach y gerdd
na yr eino yr hen Brytanait y pwyllwyt o hanynt vchot :
kyt byddei tra can moledic eu gwaith. Ac os ie, paam o
ddieithyr ych bod yn aniueilieit, na ddiolchwch y ddeo
vod yn ych oes y ryw athro kelfyddus y addurnaw ych
iaith ? Ny bu ac nyd yw prydyddion ereill anyd yn cany
dernyn o gywydd (i bwy bynac vo) o chwant derbyn : lle
nyd yw ef yn vnic ae awenyddgerdd ysprytol yn moly
pendeuigion gwledydd, o ran eu bonedd diledryw, ae
rinweddeu ardderchawc : either bod hefyd yn helpy, yn
kymmorth ac yn achup yr iaith rac lledle anyscorawl,
a diuancoll tragyuythawl. Ac am hynny, o gedwch chwi
yn ddiddarwbot am dano, a gedwch eb anregy, ei vawrhay,
ai volyanny, pan ddel ar ych tuedd, nyd hanyw ddim
honoch or wladwriaeth Uritaneidd, ny ddeiridych afrywoc
campe, ae daonus gynneddfe : ac as yr vn tal sydd genwch
y odechwr ysclethan, ac y weithwr gwrddlan. Ac as
chwitheu a wnewch ych ran ach dywti, sef yw hyny :
kynal o honoch y dyscedicuardd hwn ef ae tuylu, mor
parchedic anrydeddus, ac y may ef yn darpar peri ych
iaith : a bod mor ymgleddgar ddarbodus o hono ef yn
ych plith, ac yw ef, nyd yn unic o hanoch chwir oll wlat or
to sydd heddyw, ond tros ych plant, ych wyrion, ych
gorescenydd, ych gorcheifn, ach goreiddin, ach gohelyth
hyd byd dyddbrawd. Ac os chwchwy hefyd a ddylynwch
pwyll diarebion y llatinwyr ys ef *Honos olit artes* ac *Uirtus
laudata crescit* pa yw, Anrhydedd ne vawrhant a vacka
gelfyddodeu, A Rinwedd o chanmolit a gynydda : ef allei y

kynnyrchei ac y llewychei mwy o ddysceidaeth dda, ac o
gelfyddodeu arbennic a gwybyddieth ysprytal yn ych
mysc rac llaw, trwy nerth Deo goruchaf. Ac velly bo,
ydd archet pop Cembro Camberaecgar. O ddeo na allei
pop dyscedic ddoedyt am ei iaith mal y dyuod David ap
Gwilim am Uoruydd : nid amgen,

> Cof am gariad taladwy
> Ni ddyly hi i mi mwy.

IV. RICHARD DAVIES

Testament Newydd 1567

Richard can rat DYW Episcop Menew, yn damuno
adnewyddiat yr hen ffydd catholic a gollaun
Evangel Christ ir Cembru oll, yn enwedic i bop
map eneid dyn o vewn ey Escopawt.

Yn gymeint am bot i yn gwybot yn yspys lle ny weleis
am llygait, vot pop gwlat o Ruuein yd yma megis Germania
vawr, a'r Almaen, Polonia Lloegr a Phrydyn, Frainc,
Llydaw, Llychlyn, Iwerddon, a rrei wrth glun y gelyn yn
yr Ital a'r Yspaen, ie ac mewn ynysoedd, gorwledydd,
artaloedd a broedd eraill, yn awyddus ac a mawr groeso
yn derbyn gair Dyw drwy ail vlodeuat Euangel ein Arglwydd
Iesu Christ, y mae yn dra salw genyf dy welet ti wlat
Cembru, a vu ryw amser gyntaf, yr owrhon yn dyvot yn
olaf ynghyfryw ardderchawc oruuchafieth a hynn : deffro
dithe bellach Gymbro glan, vy annwyl, am caredic vrawt
ynghrist Iesu : paid ath ddigenedlu, paid ath ddifrawy,
paid ac edrych ir llawr, tremia y vyny tu ar lle ith hanyw :
na chwanega mwy om dolur, cadw ith cof a ddywait a th
wir gar : ystyria sy tan dy law, cowleidia, ac erbyn attat
yr anrheg nefol a ddanfonawdd trugaredd yr Arglwydd yt
heddiw. Coffa 'r hen amser, ymofyn ath henafiait, chwilia'r
'storiay, ti a fuost gynt anrhydeddus, ac vchel dy fraint.
Ni wna vi son am vrddas, parch, ac anrhydedd bydol yr hen
Brytaniait : tewi a wnaf am y gwrolaeth, dewrder, buddugol-
aythay, ac anturiaythae y Cymru gynt, mi a ollynga heibio
y amryw gylfyddyday hwynt, synwyr, dysc, doythineb,
ar athrylith ragorawl (cyd bai canmoladwy hyn oll, a digon

o profedigaeth rhagorfraint, ac vchelder ymysc pa nasiwn
bynac i ceffit hwynt) ac ny bydday anhawdd i mi roi trosof
audurdot o hen lyfray cofion, ac ystoriay dilys, i gadarnhau
a gwirhau, fod y cyneddfay ar rhinwedday hynny oll yn
amlach, ac yn helethach ar y Brytaniait yn yr hen amser nac
ar nasiwn ac ydoedd yw cymdogaeth oy amgylch.   Eithr
nid ymyrhafi ar ddim or hain.   Dwyn cof a wnaf am vn
rhinwedd ragorawl a gydbwysa yrhei vchod oll, ath harddai
gynt, ac a rodday yt ragorfraint a goruchelder, sef crefydd
dilwgr, crystynogaeth bur, a ffydd ffrwythlon ddiofer.   Can
ys dowait Sabellius historiawr ddarvot i ynys Prydain
dderbyn ffydd Christ yn gyntaf vn or oll ynysoedd, ac nid
heb achos : o blegit yn y ddecfet flwyddyn ar vgain ar ol
derchafiad Christ i doeth i r deyrnas hon y Senadur an-
rhydeddus Joseph o Aramathya discybl Christ ac eraill
discyblon crystynogaidd dyscedic gidac ef : y gwyr hynn
megis ac i derbyniasont wy'r ffydd a'r crefydd ar cryst-
ynogaeth can Christ i hun, ay Apostolion, felly y pregeth-
asont, ac i dyscasant yn y teyrnas honn.   Nit bychan y
goruchafiaeth hynn, cael cenadwyr dyscedic ffyddlon i
osot sail a dechreuad sprydol edeiladaeth ffydd Christ ym-
plith pobyl.   Y cynnyrch hwn a ffrwythawdd ac a chwaneg-
awdd rhyd y teyrnas hon o ddydd i ddydd, ac o flwyddyn
bigilydd, eithr heb i gadarnhau trwy gymeriad cyffredinawl
a chyfraith y teyrnas hyd yn amser Lles vap Coel, rhwn a
eilw y Lladinwyr Lucius, hwn a teyrnasai pan oedd oed
Christ 180.   Amryw 'storiau a ddoydant i Lucius yn i
amser ef yn gynta dderbyn ffydd Christ ir deyrnas, a danfon[1]
rei i Rufain at Eleutherius Escop yno, i ddisyfu cenadwyr i
roi Bedydd ac i osot y Crystynogaeth.   A dyfot Faganus a
Damianus a bedyddio y Brenin a gosot y Crystynogaeth yn

---

[1] *Ymyl y ddalen* : Eluan, Meduin.

yr oll teyrnas. Peth or stori hon y ddichin fod yn wir, sef
danfon or Brenin i Rufain eithr nid am nat oedd Cryst-
ynogaeth yn y deyrnas, ond herwydd mwy o sicrwydd
wrth i chael yn gytun a chrefydd Rufain, rhon oedd enwog
a mawr y audurdot (ac nit heb achos) can ys iach a Chryst-
ynogaidd ydoedd crefydd a dysceidieth Rufain yn hyny o
amser, heb chwaith llawer o chwynn dychymmig dyn yn
tyfu etto y mysc gwenith gair Duw.   Hyn hefyd allay fod
yn wir cymryt or Brenhin Lucius bedydd can y cenaday
hynny, a thrwy gyngor yr hein troi eisteddfay yr Arch-
fflaminiait, a'r fflaminiait paganaidd, i fod eisteddfay
Archescopion ac escopion chrystynogaidd.   Ac yno cynys-
cauddu or Brenin yn gynta yr Eglwysi ac amryw fowyt,
braint ac anrhydedd bydol, a gosot reoledigaythay a threfn
ar wasnaythu Christ trwy nerth cyfraith ac awturtot Bren-
inol. Hyn i gyt nit amheua i fod yn wir o 'storia Lles vap
Coel. Eithr troi o Faganus a Damianus yr oll teyrnas mewn
byr amser megis i dowait yr hystoria, a hynny yn ddianot,
ddirwystyr, ddiwrthwyneb, od oeddent paganiait or blaen
heb wybot oddiwrth Christ, nit mor hawdd i gredu.   Can
ys cyd bei ffydd Christ rhodd Duw, er hyny o wrandaw
gair Duw i tyf trwy waith yr Yspryt glan, trwy fawr boen, a
gwastadawl ddiwdrwydd y gwyr llen, y peryglorion,
ar eglwyswyr : ac nid gwaith vndydd vnnos yw enill
teyrnas vaith poblog i ffydd Christ. (Yr hynn mwia a
allesont apostolion Christ, pa wlad bynac i delent, oedd
osot sail a chynnyrch crefydd Christ, rhwn mewn espeit o
amser a helethai ac ae ar llet tros wyneb yr oll teyrnasoedd
a'r gwledydd.) Ac eto ir hynn cyd bo achos i ammau
llawer o 'stori Lucius, am hyn i ddym ni yn y geisio yn
bennaf yn y rhysymmay hynn, ni ddawr pa vn or 'storiay
vchot a grettoch : can ys ym hob vn yddym yn gwelet cael

c

or Brytaniait Crefydd Christ yn ddilwgr ac yn perffaith.
Can ys (mal i doydais uchot) iach ydoedd dysceidiaeth
Rufain ar hynny o amser, a chytun ar scrythyr lan, ac
Evangel Christ.   Am hynny, gwir grefydd Christ, a gair
Duw a hardday y Brytaniait gynt, ac a ddygay uddynt
ragorfraint a goruchelder.   Ac os ammay neb fod hynn
o rinwedd ar wir grefydd Christ a gair Duw : mi a atteba
iddo trwy audurtot yr yscrythr lan.   Mal hynn i dowaid
Moyses wrth plant Israel,

> Welwch mi a ddiscais i chwi ddeddfay a Chyfreithau megis i
> gorchmynawdd Duw i minay, mal i bo i chwi i cadw hwynt yn y
> tir i ddych yn mynet yw orescyn.   Cedwch hwynt am hynn a
> gwnewch.   Can ys hynn yw ych doythineb a ch dyall yngolwc y
> pobloedd gan glowet am y deddfay hynn oll, ac a ddoydant,
> Y bobl yma sydd vnic synhwyrol, a dyallus, a chenetlaeth fawr.
> Can ys pa nasiwn sy cymaint a rhain i daw y dywiae cyn agoset
> attunt, ac i may yr Arglwydd eyn Duw ni yn agos attom ymhob
> peth ar i galwom attaw amdano.   A pha nasiwn sy cymaint, a
> bod iddi ddeddfay a chyfreithay cyn gyfiawnet ac ydynt yr oll
> gyfreithay hynn i ddwy yn i gosot gaer dy fron di heddiw ?

Yn y geiriae hyn y mae'n hawdd gwelet pa ragorfraint a
goruchelder a ddwg cyfraith Dduw ir cenetlaethay derbynio,
ac ai catwo.   Y Brytaniait a dderbyniasont attunt gyfraith
Dduw, gwir crefydd Christ, a'r Efengel fendigedic, a
hynny yn cyfagos at amser Christ ay Apostolion ymlaen
yr ynysoedd oll, ac ae cadwasont yn bur ac yn ddilwgr yn
hir o amser yn lew ac yn ffynnedic.   Can ys cyd byddai
terfysc drablin ac ymlit creulon ar y Chrystynogion yn
amser Dioclesianus yr Emerodr, rhwn a gymhellodd lawer
Christion ym hob gwlad i wadu'r Chrystynogaeth.   Ir
gallu or Emerodr trwy waith i gaptayn Maximianus
Herculeus wneuthyr llawer or Brytaniait yn verthyron yn
gweryl Christ, a distrowio'r eglwysi, a llosci'r Biblae :
ni allodd ef ir hynny na diffoddi na gwyraw i ffydd hwy.
Gwaed y merthyron, yn wyr, yn wragedd, yn veibion, yn

verchet, yn wyr-llen, yn llygion (yr hei yn dorfoedd a
offrymae eu cyrph ir tan ir ymddiffn y Chrystynogaeth) a
orchfygai greulonedd y dygasoc paganiait, ac a gatway'r
ffydd yn gyfan, ac ae hennynnae yn eglurach. Ni allodd
chwaith gaulith ac heresi Pelagius penadur y vanachloc
fawr ym angor[1] gynt (cyd bai ef arfog o bob dysc a chel-
fyddyt, a mawr eu audurtot ae gymeriat yn i wlad)
anrheithio'r Christynogaeth ymhlith y Brytaniait. O
ymgoledd Duw vdyntwy ac ir oll Chrystynogaeth i codai
S. Austin, Cyryll, Ieron, Orosius, Benadius, Innocentius,
ac eraill gyfryw oleuadae, a philerae'r grystynogaeth ae
pinnae ae tafodae i wrthladd gaulith ac heresi Pelagius.
Or vnryw ymgeledd Duw ir Brytaniait i codai Dewi
Archescop, ac eraill ddyscedigion y Deyrnas trwy ofalus a
dyfal pregethu ac yscrifenu i ddiffoddi'r fflamm ar gwenwyn.
Ac i deuai hefyd ir dyrnas hon Escopion gwynfydedic a
phregethwyr teilwng, Garmon Escop Altisidor, a Lupus
Trecensis, a chleddyf gair Duw centhynt, i wahanu'r
amhuredd a lithrasai i mewn ir Chrystynogaeth trwy
waith yr vnryw Pelagius ae blait, a thrwy waith cydym-
deithas y Sayson, rhain y pryd hynny oeddent paganiait,
a ddarfodd i Gwrtheyrn Brenin y Brytaniait i cynwys ai
derbyn ir deyrnas i ryfela trostaw yn erbyn i elynion.
Ysbys ydyw i bawb syn darllain historiay beth fu ddiwedd
yr ymdynnu rhwng y Sayson ar Brytaniait : y Brytanieit
a orfu arnynt gilio i gyrau ac eithawoedd yr ynys, i Gymru,
ac i Gernyw : y Sayson a orchfygasant, ac a wladychasont
Loygr. Ac fal hyn i digwyddodd fod yn hir o amser
Paganieit a Chrystynogion yn yr vn teyrnas, ar vnwaith,
hyd pan oedd oed Christ 600 neu ynghylch hyny, i dan-
fonodd Gregor Escop Ruuain Awstin i droi'r Sayson ir

---

[1] *Ymyl y ddalen* : Bangor ym Maylor.

ffydd. (Nit Awstin ddyscedig yr Athro mawr, eithyr Awstin vanach, rhwn a elwir Apostol y Sayson.) Trwy waith hwn i troed y Sayson hwyntwthae ir Chrystynogaeth. Ac velly ir aeth Chrystynogaeth tros wyneb y deyrnas, cyd bai wahan mawr rhwng Chrystynogaeth y Brytaniait, a'r eilun chrystynogaeth a dduc Awstin ir Sayson. Y Brytaniait a gadwasai eu Christynogaeth yn bur ac yn ddilwgr, heb gymysc dechmygion dynol mal i derbyniesynt gan Ioseph o Aramathya dyscipl Christ, a chan Eglwys Ruuain pan ydoedd bur yn glynu wrth rheoledigaeth gair Duw. Y Chrystynogaeth a ddug Awstin ir Sayson a lithrasai beth o ddiwrth puredd yr Efengel, a thervynay'r hen Eglwys, ac ydoedd gymyscedic a llawer o arddigonedd, gosodigaythay dynion, a ceremoniae mution, anghytun a natur teyrnas Christ. Croeseu a delway, crio ar y saint meirw, pendefigeth Escop Ruuain, dwr a halen swynedic, a chyfryw oferedd anhebic i ysprydoldep Evengil Christ a gymyscai Awstin a'r Chrystynogaeth a osodai ef ymhlith y Sayson. Chwith oedd can y Brytaniait welet y cymysciat, a r difwyniant hynny ar grefydd Christ. Ac am hynny ar ol ir Sayson dderbyn cyfryw amhur Chrystynogaeth a hynn attunt, nit oedd teilwng can y Britaniait gyfarch gwell ir vn o honynt, cyd bai fodlon centhynt or blaen tra oeddent paganiait, cydbrynnu a gwerthu, cyt dyddio, cytfwytta ac yfet, a chydhelyntio ac wynt. Ac nyd eb awdurtot yr yscrythur lan i gwnai'r Brytaniait hynny : can ys mal hynn i dowait Pawl Apostol. *1. Corinth. 5.*

O bydd neb a elwir yn frawd yn puteiniwr, neu cybydd, neu addolwr delway, neu oganwr : neu feddw, neu traws, na chytfwyttewch vnwaith gida'r cyfryw.

Am hynn i galwodd Awstin attaw saith Escop y Brytaniait[1],

[1] *Ymyl y ddalen* : Sef, Henffordd, Taf, Patern, Bancor, Elwy, Wic, Morgan.

ac eraill oi gwyr dyscedic ay crefyddwyr i geisio centhynt dderbyn atunt yr vn drefn ar Chrystynogaeth ac a ddygasai ef ir Sayson, a chydnabot pendevigeth Escop Rhufain goruwch oll Escopion y byt ac ymddarostwng yddaw. Gwrthod yn llwyr o Escopion y Brytaniait hwy ae dyscedic hyny gytuno ac ef. Ac am Escop Rufain eu hattep oedd, na wyddentwy achos i ymddarostwng i Escop yn y byt onit i Archescop Caer lleon ar wysc. Yr hyn attep a wnai Awstin yn orddic. Ac am hyny mynet a wnaeth i gynmell, ac i annog Ethelbert Brenhin Cent, a thrwyddaw yntau Elffrit Brenhin Northwmberland, yr hai a ddoythant yn ddiannot am ben y Brytaniait, ac a laddasont vil a deucant o grefyddwyr Bangor a dyscedigion y Brytaniait, rhain mal i dowait rhai or historiae a ddeuent yn ddiarfay yn bennoeth droednoeth i ddisyfu heddwch can y ddau Urenin. Ar ol hynn, o amser bigilidd i gwanhaywyt y Brytaniait, ac y duc min y cleddyf hwynt or diwedd i gytuno a ffydd y Sayson, ac i ymadaw a phuredd a chowirdeb y cynefyn Chrystynogaeth eu hunain. Ti a glowaist hyd yn hyn modd i buost anrhydeddus gynt o ran crefydd Christ, ar ffydd catholic. Weithian i manegaf yt yr iselder, a r gostyngiat a ddigwyddodd ir Brytaniait. O hyn allan leilai fu ey rhwysc, a mwyfwy eu gorthrymder ay caethiwet ym hob helhynt bydol. Ac am faterion sprydol, wedi yddynt cytcordio ar Sayson mewn crefydd a gau ffydd, cytsuddo gidac hwynt ddwfnach ddwfnach a wnaythont o oes bigilidd mewn pob gauddywiaeth, delw-addolaeth, arddigonedd, ofergoel, a gauffydd. Ac erbyn attunt dychmygion, traythiaday, a gosodigaythay dynion, yn lle cyfraith Dduw, ac Evengil Iesu Christ: ceremoniae aflafar ac amryw vunydiae hudolaid, yn lle llafarwch pregethu gair Duw. Sef fal hynn i digwyddawdd cymyscu

Chrystynogaeth y Brytaniait, ac amhuredd crefydd y Sayson.
Yn nesa at hynn galw ith cof y gollet a gavas y Cymru am
eu llyfray beth bynac faynt, ay celfyddyt, ay historiae,
ay Achay, ay Scrythur lan : ys llwyr ir anrheithiwyt
oll Cymru o honynt. Can ys pan oystynget Cymru tan
goron Loygr trwy nerth arfeu, diammay ddistrowio
llawer oy llyfray hwynt yn hynny o trin. Ac or hei a
ddihanghasont, medd y Beirdd, Pendifigion Cymru a
ddygwyt i fot yn carcharorion tragowydd ir Twr gwynn a
gasclasont o honynt cymaynt ac allasont yw dwyn gidac
hwynt, ac yw darllain ir diddanwch vddynt yn i carchar,
a rhein or diwedd a loscwyt yn y Twr gwynn : am hynny i
canodd y prydydd,

   Ysceler oedd i Scolan, fwrwr twrr llyfray ir tan.

Pa ddestriw ar lyfray a gavas Cymru o ddiwrth rhyfel
Owain Glyndwr, hawdd yw i ddyall wrth y trefi, Escoptae,
manochlogydd, ar temleu a loscwyt trwy oll Cymru y pryt
hynny. Dyma gyflwr gresynawl ar pobl, i dinoithi a dwyn
eu goleuni o i canthynt, ae gadael megis yn ddeillion i
ymddaith ac i siwrneio trwy wylltineb y byt hwnn. Ual
hynn i digwyddawdd na bu nasiwn irioed mor anafus am
lyfray a gwybodaeth yn ey iaith i hun a'r Cymru. Mawr
yw'r goleuni a ddoeth ir byt, a mawr i cynyddodd ac i
chwanegawdd pob celfyddyt, a gwybodaeth sprytawl, a
corphorawl, ym hob iaith ym hop gwlad, ac ym hop
teyrnas ir pen ddychmycwyt celfyddyt Printio. Eithr mor
ddiystyr fydday iaith y Cymro, a chyn bellet ir esceulusit,
ac na allodd y print ddwyn ffrwyth yn y byt yw gyfri ir
Cymro yn i iaith i hun hyd yn hyn o ddydd neu ychydic
cyn hyn i gosodes Wiliam Salsburi yr Efengylon a'r
epystelay, a arferit yn yr Eglwys tros y flwyddyn, yn
Gymraeg yn print, a Syr Ihon Prys yntay y Pader, y Credo,

a'r X Gorchymyn. Gwrandaw etto y sy cenyf ith coffau amdanaw. Wrth ystyriaeth cwrs crefydd y byt, o Adda hyd at Christ, ac o Christ hyt heddiw, nit heb achos i gellit ey gyffelybu i ardd lysiae: 'rhon oi phalu ai chweirio, oi diwallu o blanigion a haad, oi threfnu, ay chwnny yn ddiwit: teg fyddai, llyosawc a ffrwythlon o bob bath ar lysiay aroglber, gwrthfawr, rhinweddawl. Eithr oi esceuluso, heb nai diwill nai threfnu, nai ymgleddu nai hau, nai chwnnu: diffaith fyddai ac anhardd, ac a fagai ddanadl ac yscell, drain, drysi, mieri, ac anialwch. Uelly crefydd y popl yn y byt hwnn, yr amseray i bydday prysur y gwyr llen yn pregethu gair Duw, diwit a dyfal y gwilwyr sprydol, ar peryglorion yn hau ac yn plannu cyfraith Dduw, ac Efengil Christ, ynghalonay'r popl, ac amyl darlleydd gair Duw: pur a dilwgr ac iach fydday'r crefydd. Duw, rhwn a wnaeth nef a dayar, yn vnic addolit ac a wasneithit, ffrwythlon fydday ffydd gobaith a chariat perffaith, ac amyl pob rhinwedd dda. Yn-gwrthwynep i hyny pan fydday esceulus, a diofal, neu anyscedic yr Escopion, pan fai segurllyt a deillion yr effeiriaid, pan fai'r eglwyswyr, a r peryglorion yn fut ac heb vngair iawn ddysc oi pen, a thrachwant y byt wedi dwyn i lleferydd, ac attal eu llais (a mynychaf y sywaeth y ceit yn y byt y cyfryw hynn) ac yn bring cael vn darlleydd gair Duw, yno i tyfai ac i tyrnasai pob gau ddywieth, delwaddoleth, arddigonedd, ofergoel, rrinieu, swynion, diffawdd ffydd, magwreth pob rhin ddrwg ac anywolaeth. Yno ir esceulusit gorchmynion a rheoledigaeth gair Duw, ac i mawrheit dechmygion, gorchmynion, a gosodigaythay dynion. Am hynny mawr fu drugaredd Duw ym hob oes o Adda hyt Christ, can ys ni bu nac oes nac amser, nas danfonai ef prophwyti, athrawon a phregethwyr, i ddwyn goleuni ir byt, i grio yn

erbyn gauddywieth, anheilyngtot, delw-ddolaeth, a drug
fuchedd, ac i rybuddio'r byt i ymchwelyt ir iawn, ac i
reoledigaeth cyfraith Dduw, ay orchmynion. O amser Christ
hyt heddiw ni bu ddim llai ey drugaredd. Can ys amyl
ymhop oes i danvonodd ef genaday dyscedic, a phrophwydi
ffyddlon i geryddu gauddywieth, arddigonedd, a dychmyg-
ion dynion, a buchedd anywiol, a thrwy awdurtot gair Duw
i adnewddy'r hen ffydd, ac i edvryd crefydd Christ ar ol
rheoledigaeth gair Duw, ar hen athrawon dyscedic, ac
arfer yr hen Eglwys nesa at Christ, ae Apostolion a'r
oesoedd nesa at hynny. Eithyr yn benddifaddae mawr fu
eu drugaredd yn eyn amser ni ofewn y trugain mhlonedd
hynn : o herwydd llawer o genadau dyscedic, a phrophwydi
nerthawl ym hob dysceidiaeth, celfyddyday, ieithoedd a
gwybodaeth ysbrydol. Trwy waith yrhain i may oll
teyrnasoedd Cred o fewn Europa eysus wedi egoryt eu
llygait, ac yn craffu i ble i dycpwyt hwynt, a phle i buont
gynt, ac yn gwelet eu dyvot adre, a chael yr hen ffordd, a
dymchwelyt ir iawn, sef gwir crefydd Christ, a'r ffydd
catholic sy ai gwreiddyn yn gair Duw, ac Efengel Christ.
Etto (gwae fi o hynny) nit wytti'r Cymro gyfrannoc o ddim
hayach or goleuni mawr hwnn sy tros wyneb y byt. Can
ys nit escrifennodd ac ni phrintiodd neb o honynt ddim yn
dy iaith di. Wele, mi a ddangosais bellach yt dy vchelder
a th fraint gynt, a th ostyngiat, a th yspeil wedi. Am
hynny, o iawn ystyryaeth a chydnabot a thi dy hun ti a
ddylyt fod yn llawen, ac yn fawr dy ddiolch i Dduw, i ras y
Urenhines, i vrddas, ac i gyffredin y deyrnas, sy yn
adnewyddu dy fraint a th vrddas (vrddas tragwyddawl a ro
Duw yddynt am hyny) Cans trwy eu awdurtot, ae gorch-
ymyn hwynt i may dy Escopion trwy gymhorthwy William
Salsbury, yn dwyn yt yn gymraeg, ac yn brint yr yscrythyr

lan, (dy genefin gynt) a gynhwisir ofewn corph y Bibl
cysegredic. Dyma r naill ran yn barot, rhon a elwir y
Testment newydd, tra vych yn aros (trwy Dduw ni bydd
hir hynny) y rhan arall a elwir yr hen Testment : etto or
hen mayr psalmay cenyt eysus yn gymraeg yn llyfr y
gwasanaeth. Nit gair o th iaith di ydiw Testament :
can ys Deddyf, neu ammot, neu lythyr cymmyn i gellit
i alw yn ein iaith ni. Gwell ir hynny o lawer o achosion
(modd i gwnaeth ieithoedd eraill) yw benthygio y gair yma
Testament, megis y gwnaeth ein hynaif ni yr hen Urytanieit
wrth dderbyn y ffydd y waith gyntaf, mal y tystia y pennill
hwn (y gant rryw prydydd cyfrwyddach na llawer o
'ffeiriait yn oes ni)

Erchais doe val Arch Estefn
Ey dda adref ai ddodrefn.

Ac o herwydd bot y gair hwn Estefn gwedy treulo cymeint
gan davodae'r bopul anllythyrenoc, a heddyw yn ancyd-
nabyddus gan escaeluster y gwyr Eglwysic, nineu a gymer-
wn eilchwyl y gair yn vwy cyfan, vegis canmwyaf y mae
oll nasioneu Cred yn ei arver : a phoet da y treulier eto rhac
llaw. A thrwy Dduw ny bydd ny-mawr o vlynyddeu nes
eto myned y gair Testament yn ddigon sathredic, cyffredin,
Cymroaidd, ac yn gwbl ddyallus ei iawn arwyddocaat.
Testament gan hynny a arwyddocaa weithie yn yr scrythyr
lan llywodraeth, neu ordinhaad, a hynny trwy ymadrodd
ar ddammeg, a benthygio cyfflybrwydd o i wrth yr hei a
font yn mynet i farw : arfer yr heini yw gwneuthyr
testament : sef testlaythy i wollys ar llywodraeth a fynnont
i fod ar i hol ar ey da ae dynion. Weithiau arwyddocau a
wna y peth a cymuner, ac a wollyser trwy figur a elwir
trawsgymeriat : ac felly i gellir galw maddeuaint y pechodae,
testment. Y trydydd modd ai cymer yn lle rhwym neu

ammot sy rhwng Duw a dyn. Can ys Duw ai rhwym-
awdd ef i hun i ni mewn ammodae, yr hai a fynnawdd ef i
bot yn gyhoedd, ae hespesu : lle mae i ni welet beth sy
i ni yw gael canthaw : pa ymwared, pa ymddiffin, pa
ytifeddiaeth, pa ymgeledd, a pha ddayoni. Ac or tu arall,
beth sy i ni yw wneuthyr tra fom mewn pererintot y byt
hwn : beth i mae Duw yn y ofyn cenym, pa wasanaeth
ae boddhaa, pa fuchedd ai bodlona, ac fydd cymradwy
cantho. Dyn herwydd llwgr i natur ni wyr ddim o
ddiwrth Dduw, onis cyrch or Testament hwn. Yma yn
vnic i ceir gwybodaeth am ordinhaad, llywodraeth, a
thragwyddawl wollys Duw ; pa anrhydedd, addoliant, a
gwasanaeth a fynn, pa grefydd, pa orchmynion, a pha
fuchedd a eirch. Duw nit oes ynthaw newidiat, nac
anwadalwch. Yr vn Duw yn yr hen Testment, ac yn y
Newydd. Ac am hynny vn Testment ywr Hen a'r
Newydd, ar ran devnydd, sylwedd ac ansawdd. Galw a
wneir yr hynny cymaint oll a ddangosawdd Duw oi wollys,
ae lywodraeth, oi ofynion, ae orchmynion, ir pobl hen cyn
geni Christ, yr hen Testment. Heb wahan yn y byt ir
hynny rryngthynt a phobl y testment newydd, onit cymaint
a fyddai rhwng dau ddyn i rhoit cnau vddynt, ir naill i
rhoit hwynt yn i cibae : ir llall yn barawt wedi i gwiscio.
Y cyfflybrwydd hwn a ddwc yn eglurach beth dyall iti ar
y gwahanieth rwng y ddau pobl (cymer hynn gida thi :
ni pherthyn estyn cyfflybrwydd yn rhybell) velly gan
hynny nit o ran y crefydd, ond o ran y modd ir adroddit,
ac i dyscit y crefydd i mayr gwahan. Yr hen pobl i rhoit
crefydd Duw, a Christynogaeth Christ attunt tann elfenay
bydol, tann ffyguray, cyscoday, arwyddion, ac amryw
ceremoniae, ac ymweini corphorawl. Yn yr hein, a thann
yr hein o i dosparth ai deongl, oe egori ai esponio i ceid

pwyll, ac arwyddocaat sprydol am tracwyddawl wollys
Duw ay gyfraith, a dyfodiat Christ mewn cnawt, eu ddi-
oddefaint a phrynnedigaeth y byt. Pobl y Testament
newydd herwydd dyfodiat Christ a gowson rhyddit a
gollyngtot o wrth oll ceremoniae, ffyguray, ac eraill, y
rhac ddoydedic arwyddion, ac a roir attunt tracwyddawl
wollys Duw, y crefydd, ar Christynogaeth yn agoret, ddi-
ymgudd, mewn ysprydolaeth a gwir yn i rhith eu hun. Yn
y Testment newydd yr arwyddion ar oll ceremoniae
corphorawl a giliasont, a ddarfuont, ac a ddiflannasont.
Dau arwydd heb fwy a ordinhaodd Christ i bobl y testment
newydd: Bedydd a Chymmun, ne val y gailw S. Paul
Swper yr Arglwydd. Hefyt yr hen testment a ordinhaodd
Duw tros amser i vn genedl, sef ir Iddewon yn vnic: y
testment Newydd a gyrydd atto oll genhedloedd y byt,
heb wahan rhwng nasiwn ai gilidd. Bellach may cenytti
amcan pam i gelwir y naill yn Hen, ar llall yn Newydd:
yn hen am i fot yn dyscu tracwyddawl wollys Duw, y gwir
crefydd a christynogaeth yr hen pobl cyn geni Christ: yn
newydd am i fot yn dyscu yr vn peth ir pobl wedy geni
Christ: yn hen am i fot yn dyscu vn genhedlaeth yn vnic,
sef yr iuddewon: yn newydd, am i fot yn dyscu oll genhed-
loedd y byt yn ddiwahan. Yn hen am i fot yn dyscu trwy
arwyddion elfenay bydol, a ceremoniae corphorawl: yn
newydd am i fot yn dyscu yn olau ddiymgudd trwy yspryd-
olaeth a gwir yn i rith i hun. Cymer ef ith law, fymrawd,
a darllain: yma i cei welet ple i buosti gynt, yma i cei
ymgydnabot ath hen ffydd, ar Christynogaeth ganmol-
adwy oedd cenyt gynt. Yma i cei'r ffydd a ymddiffynaist
hyd at y tan a'r cleddyf, ac i merthyrwyt dy crefyddwyr ath
rei dyscedic gynt yn i chweryl. Ti ond antur, dierth yw
cenyt glowet fot dy hen ffydd di ay hanes or Testament, a

gair Duw : can ys ni welaist irioed y Bibl neu'r Testament
yn Gymraeg nac mewn scrifen, nac mewn print.   Yn lle
gwir ni ffynnodd cenyfi irioet gael gwelet y Bibl yn
gymraeg : eithr pan oeddwn fachcen cof yw cenyf welet
pump llyfr Moysen yn Gymraeg, o fewn tuy[1] ewythyr ym
'oedd wr dyscedic : ond ni doedd neb yn ystyr y llyfr nac
yn prisio arno.   Peth amheus ydiw (ir a wnn i) a ellit gwelet
yn oll Cymru vn hen Bibl yn Gymraeg ir penn golledwyt
ac i speliwyt y Cymru oi oll lyfray, mal i doydais or blaen.
Eithr diammay yw cenyf fot cyn hynny y Bibl yn ddigon
cyffredin yn Gymraeg.   Perffeithrwydd ffydd y merthyron,
eglwyswyr a lleigion a sonnais vchot amdanunt, sy brawf
cadarn fot yr Scrythyr lan centhynt yn i iaith eu hunain.
Can ys nid oes dim cyn ablet i siccrhau ffydd mal i bo gwiw
can ddyn ddyoddau marfolaeth yn i chweryl ac ydiw gair
Duw i bo dyn yn i wybot, ac yn i ddyall y hun.   Ual hynn
hefyt i dowait Eusebius *de preparatione Euangelica, lib.* 9.

> Predicatum est itaque Euangelium breui temporis spacio in
> toto orbe terrarum, et Greci et Barbari quae de Iesu scripta erant
> patrijs literis patria que voce exceperunt.

Yr efengil (medd ef) a bregethwyt mewn byr amser yn yr
oll fyt, ar Groegwyr ar barbariait a erbyniasont yr hyn a
scrifennit am Iesu yn llythrenae, ac yn iaith·y wlat.   Wrth
y geiriay hyn i gallwn ddyall fot y Testament nit yn vnic yn
iaith y Brytaniait, eithr hevyt yn iaith pob gwlat a gretai i
Christ.   Y trydydd rheswm yw hwn, may cenym ni yn
Gymraeg amryw ymadroddion a diharebion yn aros fyth
mewn arfer a dynnwyt o berfedd yr scrythyr lan, ac o ganol
Efengil Christ.   Yr hyn sy profedigaeth digonawl vot yr
Scrythyr lan yn gyffredin ym hen pob bath ar ddyn, pan i
dechreuwyt hwynt, a phan i dycbwyt i arfer gyffredinol.

---

[1] *Ymyl y ddalen* : Cyffelip mae Gruff. ap Ieuan ap Lln. Vachan y mae
ef yn ei veddwl.

Myfi a nota ac a ddyga ar gof yt rai o honynt. Yn sathredic
i doydir, *A Duw a digon* : *heb Dduw heb ddim*. O ble i cad
hynn o ddysceidieth, ple i mae i wreiddin ae warant ?
onit hyn yw gyriat a chloedigaeth yr oll Scrythyr lan ?
onit hynn i mae'r prophwydi, a'r psalmae, a'r Testament
newydd trwyddo yn i ddyscu i gristion o ddyn ? Nit
rhaid yma fanwyl chwilio am testiolaeth : rheitiach yw
can i bot mor amyl, edrych pa rai a ddewiser, a pha rai, i
geisio byrhau'r traythawt, a adawer. Mal hynn i dywait y
prophwyt Dauyd,

> Yr Arglwydd sy bigail ym, ni bydd arnaf eisie.
> Ef a bair ym orphowys mewn porfa las, ac am arwain gar llaw
> dyfredd arafaidd.
> Ef a ymadfertha vy enait, ac am towys rhyt llwybray vnion ir
> mwyn eu Enw.
> A phe rhodiwn rhyt glynn cyscot angae, nit ofna ddrwg, am dy
> vot ti gyda mi : Dy wialen ath ffon hwy am cysurant etc.

Chwi a welwch yn y psalm yma vn o wraidd y ddihareb sy
cenym, ac a glowch yr vn bwyll yn y psalm ac syn y geiriae
hynn, *A Duw a digon,* etc. darllain y rhan ddiwaytha or
pumet penn o Evangel Mathew, lle i mae Christ Arglwydd
yn erchi i ni na bom gofalus am beth yw fwyta, ac yw yfet,
ac yw wisco : ac yn erchi y ni cymeryt siampl o adar yr
wybr a lili'r meysydd : rhain i mae Duw yn i diwallu o
borthiant a gwisc. Ac am hyny i perthynae i ddyn nad
amheue ymgeledd a gallu Duw, a chredu i cowira ef i
addewid, sef i bydd pob peth yn ddiandlawt ir neb a ofalo
yn gynta am teyrnas Duw ae chyfiownder. Ac am hyny
gwir yw'r ddihareb, *A Duw a digon.* Ystyria yma hefyt hyn
a ddowait Christ yn y ix. pen o Evangel Luc,

> Beth a dal i ddyn ynill yr oll fyd ae ddistrowio i hun, neu i
> golli i hun ? Canys pwy bynac a gwilyddio o m pleit i, am geirie :
> o bleit hwnw i cwelyddia Mab y dyn pan ddelo yw ogoniant, etc.

ac velly rhagoch. Yn yr ymadroddion hyn, ac yn y
geirie sy nesa o vlaen yr hain yn y penn doydedic, i gweli

gadarnhau y ddarn arall ir ddihareb, sef, *Heb Dduw, heb ddim*. Tro bellach at yr viii. pen o 'pystel Pawl abostol at y Ruueniait.

> Beth ddoydwnn i gan hynny wrth y pethae hynn? O bydd Duw gida ni, pwy a all fod eyn herbyn? Rhwn nid arbedodd i Vab y hun, eithr ae rhoddes trosom ni, pa fodd nas rhydd ef hefyt pob peth yni gidac ef

Nid rhaid ym boyni ymhellach i ddwyn ar ddyall yt ⊙ ble i tyfodd dihareb y Cymro, *A Duw a digon* : *heb Dduw, heb ddim*. Yn yr Scrythr lan i mae i gwraidd, ey hanas, ae dechreuad. Ond (y sywayth) cyd bo'r ddihareb yn aros y mysc y Cymru, ar geiriae'n gyffredinawl, etto hi a golles yn llwyr i ffrwyth. Edrych ar ddull y byd, yno i cei brofedigaeth. Mae'n gymaynt trachwant y byd heddiw i tir a dayar, y aur, ac arian, a chowaeth, ac na cheir ond yn anamyl vn yn ymddiriet i Dduw, ac yw addaweidion. Trais a lladrad, anudon, dichell, ffalster, a thraha : a rhain megis a chribynae mae pob bath ar ddyn yn casclu ac yn tynnu atto. Ni fawdd Duw y byd mwy a dwr diliw : eithr mae chwant da'r byd wedi boddi Cymru heddiw, a chwedi gyrru ar aball pob ceneddfae arbennic a rhinwedd dda. Can ys beth yw swydd ynghymru heddiw ond bach i dynu cnu a chnwd ey gymydoc attaw ? beth yw dysc gwybodaeth a doythineb cyfraith ond drain yn ystlys y cymedogion i beri yddynt gilio hwnt ? Amyl ynghymru, ir nas craffa cyfraith, i ceir neuadd y gwr bonheddig yn noddfa lladron. Maddeuwch i mi hyn o gaswir : herwydd precethu'r caswir ys y yn siars y precethwr : am hynny pe rryngwn vodd dynion ny vyddwn wasanaeth-wr Christ yr hwn y glywaf ey lef yn im clust yn wastat yn sonio, *Llefa yn groch, nac arbet* : *dyrcha dy lais val trwmpet, a manec im popul eu henwiredd ai pechoteu* : nyd ynteu molach nyd gweniaith, nyd petheu bodlon. Am hynny y dywedaf,

oni bai fraych ac adain y gwr bonheddig ni bydday ond
ychydig ladrad ynghymru. Mi a wn fod boneddigion o wyr
da ac yn casau lladrat, ac yn difa lladron: nid wyfi yn doydet
dim yn erbyn yr heini. Ni chafi o ennyt yma fanegi yr anrhaith
a wnaeth chwant da byd, ac anghredinieth i addaweidion
Duw ar bob rryw ddyn ynghymru o eisie dysceidieth yr
yscrythr lan, a chydnabod a chowirdeb a grymm y ddihareb
sy gyffredinol yn i mysc, *A Duw a digon heb Dduw heb ddim.*
Yn nesa at hyn, ni a gymerwn yr ymadrodd hwn, sef *A gair
Duw yn vcha* : ymadrodd cyffredinawl ydyw yn yngwlad i,
pann amcano dyn ddoydet, gwneuthyr, neu fyned y
vnlle, val hynn i dowait, *Mi a wna, mi a ddoyda,* neu *mi af ir
man a'r man a gair Duw yn vchaf.* Evengelaidd a chryst-
ynogaidd yw'r ymadrodd hwn a chytun ar scrythyr lan or
lle i ganed ac i magwyt, Can ys vellyn e dowaid y prophwyt
Dauyd, *Vnion yw gair yr Arglwydd, ae oll weithredoedd ef y
sy ffyddlon,* ac ychydig rhag llaw, *Trwy air yr Arglwydd i
gwnaethpwyt y nefoedd ae oll byddinoedd hwy, trwy yspryt eu
enau.* Psalm 33. A'r prophwyt Esai yntau. *At y
gyfraith ar prophwydi, oni ddoydant hwy ar ol y gair hwn :
hyny fydd am nad oes goleuni ynthunt.* Christ yn y xxiiii pen o
Mathew. *Nef a dayar a gerddant, eithr fyngeiriau i nid ant
heibio.* A thrachefn *O car neb fi, ef a geidw fyngair i,* Io. 14,
yn y mannae hyn i mae hawdd gwelet o ble ir hanoedd yr
ymadrodd hwn, *A gair Duw yn vcha.* Pan ddechreuwyt a
phan ddycbwyt yr ymadrodd hwn i arfer gyffredinawl i
rydoedd gair Duw yn anrhydeddus, ac yn fawr y bri arno.
Can ys pan ddoyto dyn, *A geir Duw yn vcha,* cymeint yw a
phe doydei, *Trwy na bo yn erbyn gair Duw, neu, a gair Duw yn
caniadu :* neu *trwy i vod yn gytun a gair Duw mi a wnaf,* neu *mi
a ddoyda hynn neur llall.* Wrth hyn credu i royddynt yn yr
amser hwnw nad oedd iawn yddynt wneuthr, na doydet

dim yn erbyn gair Duw. Dyna ffydd a chrefydd y Cymru gynt a ddyscent wy or scrythyr lan, o air Duw, ac o Evangel Iesu Christ. Eithyr i ble y tynnodd Eglwys Ruuain hwynt wedy hynny? Yn wir nid i adael gair Duw yn vcha, ond yw ddistyru ae fychanu. Gair Duw a ddowait,

> Na wna y tyhun ddelw gerfedig, na llun dim y sy'n y nef vchod, neu yn y ddayar isod, nac yn y dwr dan y ddaayar : nac ymostwng vddynt, ac na addola hwynt.

Ni allesit rhag cwilidd ddwyn delwae i'r Eglwys ai addoli hwynt (megis i mae arfer Eglwys Ruuain) pe gadowsit gair Duw yn vchaf.

Can ys vn or deg gorchymyn Duw ydyw, *Na wna y ty hun ddelw, etc.* yma i cei di weled dichell Antichrist. Ar ol y Senedd neu'r gymanfa yn Constantinopol tan Constantinus yr Emerodr lle i roedd 330 o escopion pan oedd oed Christ saith cant a xxxix. ac ar ol i'r escopion hynny trwy awdurdot gair Duw wahardd delway tros yr oll Chrystynogaeth, wedi marw Constantin ynghylch pan oedd oed Christ saith cant a lxxiii. Elen y Uam ef a alwodd cymanfa o 330 Escopion yn Nicea a thrwy eiriol Elen yr escopion hynny a ymddiffynnasont ddelway yn erbyn gair Duw, ac a parasont trwy awdurtot gosot delway yn yr Eglwysi, ai addoli hwynt. A rhac cael or oll fyd vai arnynt hwy neu ey plait, hwynt a barasont tynnu vn or dec gorchymyn ymaith, sef hwn oedd yn gwahardd delway, ac i gadw y rhifedi hwy dorasont vn gorchymyn yn ddau, sef y gorchymyn diwaytha. Ni allasont wy wneuthyr hynny ynghorph y Bibl ond am y Copiae or x. gorchymyn a roid allan, ac a ddyscit yn yr Eglwysi, ac i yscolheigion : ni cheit yn vn or heini yr ail gorchymyn sy'n gwahardd delway. Y mae cenyfi hen copiae i brovi bot hynn yn wir. Hefyd pan oeddwn i yscolhaig val hynn i dyscay'r effeiriait y x. orchymyn.

Vnum crede Deum, ne iures vana per ipsum.
Sabatha sanctifices, habeas in honore parentes.
Ne sis occisor fur, moechus, testis iniquus.
Alterius nuptam, non rem cupies alienam.

Dyma adael allan yr ail gorchymyn Duw yn gyfan, rhac cael cwilidd am i gwaith, yn ymddiffin delwae, os goddefit i r pobl wybot a gwelet, vod gorchymyn Duw yn erbyn delwae. Ual hyn i rhoddai Antichrist ae weision air Duw yn isa, ac nid yn vcha mal i roedd ffydd y Cymro gynt yn doydet, *A gair Duw yn vchaf*. Y geiriae hyn pwy bynac ae cymer hwy cantho megis canwyll yn i law, hwy a gyhuddan, ac a ddangosan lawer o frynti, ac o oferedd crefydd Ruuain, yr hwn nyd oedd ddim amgen, val ymae'r ddiareb, onid *siomi Duw a manach marw :* ond ni chafi dario, rhaid i mi dalvyrru'r araith rhac bod yn rhyhir.

Y trydydd ymadrodd cyffredinol y mysc y Cymru a dynnwyt or yscrythr lan yw hwn, *Y mab rhad* nid oes yma ond tri gair byr o vn silla bob gair, etto maynt yn cynhwyso llawer o synwyr ac o addisc sprydol, yr hyn i mae'r trydydd penn ar pedwerydd o epystl Pawl at y Ruueiniait, yn benna yn i ddyscu, a llawer man or scrythur lan heb law hynny. Yr vn addysc a gei di yn y geiriau hynn *Y Map rhad* oi chwilio ai gorofyn : Map rhad i gelwir Christ Iesu am i vod ef trwy r pridwerth a wnaeth ef trosom ni ar pren Croes, yn purcasu i ni trugaredd y Tad or nef i faddau i ni eyn pechodae yn rhad heb i ni ryglyddu dim, heb na thal na gwerth ond yn rhad. Nid am eyn gweithredoedd ni i cyfiownir ni gar bron Duw, eythyr yn rhad trwy trugaredd Duw a purcasodd y map rhad i ni. Fydd a dycia i ni gan hynny gar bron Duw : can ys ffydd a gymer afael, ac a dderbyn attei, y trugaredd a purcasodd y Map rhad i ni.

D

Am hynn i dowait Pawl Abostol, *Barnu i ddym i cyfiownir dynn trwy ffydd heb weithredoedd y gyfraith.* Nid oes dyn ac ni bu irioed a ddichin ymddiriait yw weithredoedd y hun. Can ys llygredic yw natur dyn ac amperffaith yw i weith- redoedd ie mal i dowait y prophwyt Esai *mal y cadach budyr ydyntwy gar bron Duw.* Ac am hynny i dowait Christ, *Pan ddarffo ywch wneuthyr cwbl a orchymynyt ywch, doydwch ych bod yn wasnaethwyr amproffidiol.* Luc 17. Fydd a dderbyn drugaredd Duw trwy Christ Iesu yn cyfiowni ni gar bron Duw, ac nid gweithredoedd. Ir hynny lle bo ffydd, e fydd gweithredoedd : can ys ffrwyth ffydd yw gweithredoedd. O blegit mal na bydd tan heb wres : velly ni bydd ffydd heb weithredoedd da. Eithr er hynny y gyt llwyr ith twyllwyti os wytti yn tybait i dichin dy weithredoedd dy gyfiowni di gar bron Duw : ymwrthot ath weithredoedd, cydnebydd ath amhuredd, ath anallu ymddyro yn gwbl i drugaredd Dduw. Cyfadde yn dy galon a chred yn gry, yn ffrwythlon, ac yn ddiammau : hyn yw cyrch a chloedigaeth yr scrythyr lan trwyddi : purcasu o Christ i ti faddeuaint dy bechodau yn rhad. Ac am hynny gwir yw gair y Cymro a dynnodd ef gynt or scrythyr lan, pan alwodd ef Christ, *Y Mab rhad.* Nid oedd rhaid i ti arf well yn dy law i ymladd yn erbyn Pelagius, ar gaulith ar heresi a osodes ef allan ynghylch puredd natur dyn oi enedigaeth, a gallu dyn i ymgyfiowni gar bron Duw, trwy gyflewni'r gyfraith ai weithredoedd i hun : neu yn erbyn Athraweth llygredic Eglwys Rufain, a'r yscol awdurion, yn dyscu i ddyn ymgodi or pechawt a wnaeth ef wedi bedydd, trwy benyt, sef dolur calon, cyffes genau, a thaledigaeth gweithred, (nid wyfi yn gwrthot yr vn or tri hyn yn i iawn ddyall, ond yn i dyall hwyntwy) i wrthladd yr hain oll nid rhaid arf well nor ddysc a gynhwysir yn y byr eiriau hynn, *Y Mab rhad,* ac yn yr scrythyr lan lle i cafas y geiriau hyn i dechreuad ai tadogaeth. Mae cenyf lawer heb law hynn o ddiarhebion ac ymadroddion arferedig ymysc y Cymru, sy ae dechreuad, ae hanes o air Duw. Ac am hynny yn dystion vod yr scrythyr lan, a gair Duw yn gyffredinol gynt gidar Cymru mal i mae'r hain. *Ni lafur ni weddia, nid teilwng yddo y fara. Eglwys pawb yn i galon. Cyn wiried ar Evangel. Pan nad rryvedd na thyf post aur trwy nen ty yr enwir? Drwg i ceidw diawl y was. I Ddvw i diolchwn gael bwyt gallu i fwytta. Onid pechot gan Ddyw y mi,* etc. *Rhad tuw ar y gwaith,* ac eraill or fath hynn. Brys sy arnafi i fynd ir penn rrac sevrdanu'r darlleydd, ac am hyny nid wyf yn tynnu o hyd, ac yn egori yr hain megis i gwneuthym am y rhai vchot. Llyfr braisc a ellit i wneuthyr o honyn, a roe wybodaeth a goleuni, am hen ffydd y Brytaniait, ac am bob pwnc ac y sy heddiw mewn ymryson rhwng y Rhufenyddion ar Evangelyddion. Hefyt, nyd cwbl anghysson vyddei gymeryd yma destolaeth or Enwe arveredic cynt ar y Cymbru, megis Abraham, Escop Menew: Adda Vras, vn or Beirdd: Aaron, vn o bennaethe gwlad Vorgan: Asaph, Escop llan Elwy, 590. Daniel, yr Escop cyntaf ym-Bangor, 550. Dauid, neu Ddewi, yr Escop cyntaf ym Menew, 640. Iaco ap Idwal: Joseph Escop Menew: Matusaleh: Samuel Beulan, offeirat dyscedic, 640. Samson, y chwechet Archescop ar higen ar dywethaf ym-Menew, 560. Sele: Susanna, a'r cyfryw eraill, yr rain y geffir yn vynech yn llyfrau Achey a Chronic, hen Recordeu, Registreu, a Siartereu. A mi vedrwn ddangos ychwi mewn carp o Siarter hen ddyhenydd, y sydd yn perthyn im Escopawt i yma Uenew, vot vn ai enw Noe, yn Urenhin Dyvet. Ac na bei ond wrth hynn y mae yn ddigon credadwy gan pwy pynac a wyr yr arver heddyw ar enwy plant yn yr Eglwysi cywair-grefydd, vot yr Scrythur lan yn wybodedic iawn gan eyn Henafieit ni gynt. O blegit yr vn modd oedd ey defot hwy yn y hamser a'r enwy eu plant ar henweu a ddarlleynt yn yr yscrythur lan, ac y mae'r bobloedd yn awr lle mae'r Scrythur lan wedy ei thynnu yn y hiaith y hunain. May cenyfi hefyd ddarn o waith Taliessin ben beirdd, a ddychin goffay iti beth or hen fyd a fu gynt : ac efe oedd yn amser Arthur, ac yn amser Maylgwyn Gwynedd wedi Arthur rhwn ydoedd frenin Bryttayn pan ydoedd oed Christ ynghylch 550 : val hyn i dowait ef.

> Gwaer effeiriait byt, nis angreifftia[1] gwyt, ac ni phregetha.
> Gwae ni cheidw eu gail[2], ac ef yn figail, ac nis areilia. Gwae ni
> cheidw i ddefait, rhac Bleiddie Rhuueniait, ai ffon glwpa.

Ir nad wyfi yn amcanu dosparth y penillion hynn ae cyfflybu hwynt at air Duw yn fanylaidd mal i gellit yn hawdd, etto mi a nota i ti ddeubeth ynthynt wy. Un peth yw hyn : ymarn Taliessin, swydd yr effeiriat yw ceryddu pechot a phregethu. Yn sicir velly i dowait yr scrythyr lan hefyd. Darllain y lviii. pen o Esai yr Prophwyt, a darllain yr xvi pen o Evangel Marc lle i dowait Christ wrth i ddyscyblon, a thrwyddynt wy wrth effeiriait y byd, *Ewch ir oll fyd a phregethwch yr Evangel i pob creadur,* ac velly rhagoch. Ni dowot Christ wrthynt, Ewch ac aberthwch tros y byw ar mairw. Christ i hun a aberthodd i gorph ar pren croes tros pechodau'r byt, a thrwy vn vnic offrwm ac aberth i perffeithiodd ef yn dragwyddol yr hai a santeiddier : ny ellir i aberthu ef drachefn : o bleit yno i byddae raid iddo ef farw drachefn. Ac am hynny mae effeiriait Ruuainol yn espelio Christ am i foliant ae ogoniant, pan gymront wy arnynt aberthu tros y byw ar mairw. Yr yscrythyr lan

---

[1] *Ymyl y ddalen* : argyedda cery dda veia.
[2] *Ymyl y ddalen* : gorlan.

sy n gwahardd yddynt wy hyn, ac yn gorchymyn yddynt
wy pregethu.   Hwynt wythe a wnant yr hyn a waharddwyt
yddynt, ac nid ymyrant ar hyn a orchmynwyt yddynt.   Yr
ail peth a nottafi i ti yn y pennillay vchot yw hyn, nad
yrowran gynta i bu gwyn yn erbyn traha a balchder Ruuain.
Can ys mae Taliesin yn doydet yn i amser ef, *Gwae ni
cheidw i ddefait rhac bleiddiau Ruueniait.*   Ond mi, mi wn er
hyn y gyd o dravel beth y ddywet rrai rryngthyn ac y
hunain, a pha beth ond dywedyt mae newydd yw pop
peth a draethir heddyw ynghylch y ffydd neu'r crefydd,
ac nad oedd dim ymyd or cyfryw son y to aeth heibio.
Wele ynteu gwrandawet y rreini pa ddywait vn or hen
Ueirdd Cymbru (os hen bot ynghylch mil o vlynyddeu)
nyd amgen Merddin Wyllt yn atep ei chwaer Gwenddydd,
yr hon a syganei wrtho ef val hyn,

> Gorchmynnaf vy eirioes[1] vrawt ir Ren[2].
>   Rwy goreu : cymer Gymmun cyn angheu.
>   *Atep Merddin,*
> Ny chymeraf gymmun gan escymmun
>   Veneich, ac ei twygeu[3] ar eu clun :
> am cymmuno Duw ehun.

Ar vn Bardd mewn mytr arall, lle mae ef (megis ac y perthyn
y wr dyscedic mal yr oedd ef) yn argyweddu y beieu oedd yn
bennaf yn ei amser, y sef yn y gairieu hyn

> Avallen beren bren addveinus,
> Gwascatvot glotvawr buddvawr brydus
> Yd wnant wyr ramant ryt rwyuanus
>   celwyddoc   byteic   beius
> A meneich geuawc, bwydiawc, gwydus :
> A gwesionein ffraeth byt arvaethus, etc.

Uelly ynteu nyd gwyr dyscedic yr oes hon a ddechreuodd
dywedyt yn erbyn anllywodreth y meneich.   Paham gan
hynny y buant mor hwyr heb eu cospi ? *Quia non dum
completae sunt iniquitates eorum,* Am nad oedd y henwiredd

Ymyl y ddalen : [1] tec.   [2] Tad, Arglwydd.   [3] hugeu.

hwy eto wedy eu gyflawni neu yn aeddfedd, ac (val y mae'r
ddiereb) am may hwyraf dial, dial Duw.   Paam y divawyt
hwy mor llwyr or dywedd? Am gyflawni y henwiredd
hwy, ac am may llwyraf dial, dial Duw.   Ond am Escop
Ruuain (yr hwn y elwir hefyt Pap, val y gelwit gynt Escop-
ion Escopaetheu eraill) nyd oes (mi wn yn dda) ny-mawr
yn credu vot cam ymwreddiat yn y byt arno, ac na wnaet
onyd pigo querel arno yn ddiachos ac yn hwyr o amser :
yr hwn pe scrivenwn ganved ran yr iawn achosion y sydd
yn y erbyn ef, vo dyvei yn vwy ei swmp na'r ddarn arall
ir llyfr hwn.   Ac am hyn rrait y mi yma ymattal yn lew
rrac mynet ymplith datcuddio y guddfa hono ar hyn o
amser.   Ac adolwyn ywch ond digon o achos y lefen yn
y erbyn oedd na bei ond hyn a graffodd y Prydydd, nac ef
y Bardd neu yn hytrach y Prophwyt Cymro, yr vn a ganoedd
y penill hwn,

> Y Pab, val am yr aberth,
> Ameu'r gwir y mae er gwerth[1]

Uban, medd vn, nyd oedd hynn yn hanvot o Yspryt iawn
ganthaw. Nyd oedd? Onyd oedd y penillion y wnaeth-
oeddoedd ef yn nesaf ym blaen hwn yn hanvot o Yspryt
iawn, nyd amgen yrrein.

> Tydy'r gwan, taw di a'r gwir :
>   Arian da a wrandewir.
> Ny chair y dwr uch Caer dyf
>   Eisieu arian y Sieryf
> Nobl (o bai yn abl o bwys)
>   A wna'r cam yn wir cymwys.
> Nyd cyfled gweled y gwir
>   Ar yr wyneb ar anwir.

Ond da a dwywol oedd yr hwn a gynghaneddodd y dywed-
iadeu hyn? Ac y mae yn espes genyf mae'r vn gwr (cyd
nad yw mor espes genyf ei gosodiat) wnaeth y penillion

---

[1] *Ymyl y ddalen* : E wnaethpwyt y pennill hwn cyn bot yngan yn
Lloecr yn erbyn y Pap.

hyn ar llall. Ef all vot yn espes hefyt gan bawp aei
darlleno, may'r vn yspryt a ddatcuddiodd yddo vai'r Pap
a'r beieu eraill. Ac nyd egwan nac annerthawl (Dyw eu
gwyr) oedd y yspryt ef pan veiddiai y pryd hyny geryddu
pen Sieryf gwlat, ac yn benddivaddeu y Pap yr hwn y alwe
deilliait eraill yr oes hono (val y mae vyth y sywaeth) yn
Dduw daiarol.[1] Ac na bo y nep vwrw yn vwy yscafnder
arna vi ymarddel o benillion Bairdd vyngwlad nag ar S. Paul
yn eu bregeth yn dinas Athen, sef ymperfedd y gwyr dyscedic
pennaf yn yr oll vyt, yr hwn y ddywedei yn yr ymadrodd
hynn—*sicut et quidam vestratium Poetarum dixit,* Megis ac y
dywedent rrei och Beirdd chwi ychunain. Ie a chredu'r
wyf nad mawr anghymesurach y mi adrodd pennill y
prydydd hwn a' alw ef yn prophwyt nac y S. Paul alw y
Groecvardd Epimenedes yn prophwyt, ac adrodd gwers ney
odl oi waith mewn mytr val hyn,

  Κρῆτες ἀεὶ ψευσται, κακὰ θηρία, γαστερες ἀργαί

Yr hon wers, er nad ydyw onyd saith air, odid vydd ei
gwneuthur yn llai no phennill yn Gymraec, Eithyr y pwyll
air yn ei gylydd allan o vydr sydd val hyn,

  Y Cretaniet byth celwddoc, yscrublieit drwc, bolie
muscrell.

  Nid afi ymhellach ar hyn o amser i son am y gwrantrwydd
y geffir gan ymadroddion Cymru, yrrei sy gysson a'r
scrythyr lan. Prawf dilys ydynt wy ir neb ai ystyrio a
chalon ddianhydyn, fod hen ffydd y Brytaniait ai gwreiddin
yngair Duw, ai hanes o ganol yr scrythyr lan. Hon oedd
mor gyffredinol yn y mysc hwynt, ac i tyfai ddiharebion,
ac ymadroddion trefnus, dyscedic, a gynhwysai ynthynt
ergit yr oll scrythyr lan ac athrawaeth iachus am lawer

[1] *Ymyl y ddalen*: Diareb popl ei wlad am y pap, yw, y vot yn vwy no
dyn, ac nyd cystal a Dyw a gwaeth no diavol.

pwnc o crefydd Christ. Madws bellach yw tynnu tua r
terfyn, a dibennu. Galw i th cof dy hen fraint a th
anrhydedd mawr herwydd ffydd Christ a gair Duw a
erbyniaist o flaen ynysoedd y byt. Crefydd Christ a th
harddai am yt i gael yn gowir ac yn bur mal i dyscawdd
Christ yw Abostolion ae ddyscyblon : ac yt i gadw yn
berffaith ac yn ddilwgr, a phris gwaed dy ferthyron
gwynfydedic. Ni ddigwyddodd hyny ir Sayson gynt (yr
hei sydd heddiw ar yr iawn gwedy yddynt trwy ras dderbyn
yr Efangel yn groysawus) hwyr ir erbyniasont wy ffydd
Christ, ac amhur a llygredic i cowsant, y tro cyntaf i cowsant.
Meddylia faint y cwymp a gefaist o gytuno ar amhuredd a
ddug Awstin vanach ir Sayson : ac mal i cydfoddaist
gidac wynt mewn towyllwg a gauddywieth o amser
bigilidd : Duw a ro yt ras i ddilit ey vrddas ae anrhydedd
hwynt heddiw, trwy ymchwelyt ir iawn mal i gwnaythont
wy eusus. Hefyt cyt byddai i bop nasiwn beth goleuni,
herwydd trigo ey llyfray gidacwynt etto tydy a ddinoyth-
wyt ac a espeliwyt yn llwyr. Cwympa ditheu ar dy liniay
am hynny a diolch i Dduw sy heddiw yn ymwelet a thi yn
drugaroc, ac yn dechre dy godi i th hen fraint a th vrddas
pennaf gynt, trwy dy wneuthyr yn gyfrannog oi air
bendigedic ef, a danfon yt y Testment cysegredic, rhwn a
ddengys dy ddiarebion a th ymadroddion vchot i vot yn
hen gynefin yt gynt. Am hynny dos rhagot a darllain.
Llyfr yw hwn y bowyt tragwyddol, 'rhwn a dreiglwyt yt
yn Gymraeg yn ffyddlon, ac yn gowir, trwy ofal a diwd-
rwydd. Etto o digwydda yt gyfwrdd ac ymbell fai allay
ddiainc, naill ai ar orgraph, ai camosodiat gair, neu lythyren,
neu yn ymryfus gadael gair, neu sillaf allan neu r cyfryw :
madday hynny : hwn yw'r Testment cyntaf a fu irioet yn
Gymraeg yn, a'r printwyr eb ddyall vngair erioed or iaith,

ac am hyny yn anhawdd yddynt ddeall y Copi yn iawn.
Rhoddet Duw yt wollys da : can ys yma i cei ymborth yr
enait, a chanwyll i ddangos y llwybyr a th ddwg i wlat
teyrnas nef.   Yr hon a geniatto Duw iti ac i minay, trwy
eyn Arglwydd Iesu Grist, i'r hwn ynghyd ar Tad ar Yspryt
glan i bo mawl a gogoniant yn oes oesoedd, Amen.

IV. WILLIAM SALESBURY.

Testament Newydd 1567

At yr oll Cembru ys ydd yn caru ffydd ei hen deidieu y
Britanieit gynt : Rat, a thangneddyf gan Dduw Tat ein
Arglwydd Iesu Christ.

Megis y mae yn ddiareb gan y metelwyr may goreu aur
yw'r hen, ac mal y dywet yr ein ys ydd yn trino hanas popul
y byt, mae goreu cydymaith yw'r hen gydymaith : velly yr
vn modd yr ei ys y yn dyval ymdreiglo yn yr Scrythur lan,
sy yn dywedyt hwytheu may goreu ffydd yw'r ffydd hen, ys
yr vn y prophwytodd y prophwyti o hanei, yr hon a
ddyscawdd Christ ai Apostolion ir popul yn eu hamser, a'r
hon gwedy, a gadarnhaodd y Merthyron ai gwaed, gan
testio gyd a hi, a dyoddef pop artaith yd angeu. Ac am
hyny gwae'r nep ailw hon yn newydd, o ba vodd bynac y
gwnel, ai o anwybod ai trwy wybot, yw dwyllo y hun ac y
hudo'r bopul. At y ffydd hon yn ei Epistol yma vchot y
mae r anrrydeddus Dat D. R. D. ail Dewi Menew yn yn
ceisio eich gohawdd, eich llwybro, ach arwein oll am yr
eneit. Nyt gwiw gwedy ef, yn enwedic y vn cyn eiddilet
ei ddysc a myvi yngan dim yn y devnydd y traethawdd ef o
hanaw. Can ys pwy all cael dim bai arnaw, o ddieithyr am
yddaw yn ol arver S. Paul, ac ymadrodd goisel cydnabyddus
megis a llaethwyt ych porthi chwi (yr ei yn wir nid ydych
eto anyd rei bychein yn yr iawn ffydd) neu o ddyeithr yddaw
yn ol addysc S. Chrysostom eich bwydo chwi mor vanol a
mamaeth naturiol yn bwydo hi phlentyn bop ychydic ac
ychydic val y gwelo hi ef ei vwynhau. Eithyr a's chwy-
chwi trwy rat y gan vaethddrin cyfryw laethpwyt a gyn-
nyddwch y allu treulo bwyt a vo dwysach a ffyrfach, bid diau

y cewch y roddy gar eich bron y cantho ef ai vroder eich Escyp eraill, trwy nerth Duw, yr hwn ach gwnel yn addas, yn barawt, ac yn wyllyscar y ymborth arno, Amen.

Eich car o waet yn ol y cnawt, a ch brawt ffydd in Christ Iesu,

William Salesbury.

V. GRUFFYDD ROBERT

Dosbarth Byrr Ar Y
Rhann Gyntaf i Ramadeg Cymraeg
1567

Iaith Gambr yn annerch yr hygar ddarlleydd.

Aristoteles, gwr o ragoriaeth mewn dysc, a gwybodaeth,
a ddowad am bob celfyddyd, mae bychan ag anrhefnus fydd
i dechreuad ; ag yna bob ychydig tyfy ag ymdacclu a wna,
nid ar vnwaith ond o amser i amser trwy fod eraill, yn
gweled, ag yn bwrw at y dechreuad, ryw beth nis canfu
na'r cyntaf, na'r ail. Er bod y dechrau fynychaf yn llai
no'r darn a roesswyd wrtho : etto mae'n galettach, ag yn
fwy clod, ddychmygu ychydig o newydd, nog yw trefnu
hyny, ai chwanegu yn helaethwych. Am hynny na fid
diystr, na diflas gennyt, fyngweled i yn ymddangos mor
ddisas, ag mor anhylwybr, canys honn yw'r awr gyntaf
yr amcanwyd fynwyn i lwybr celfyddyd. Yr ydoedd y
beirdd rhyd cymru yn ceissio fynghadw rhag colli ne
gymyscu a'r saesnaeg. Ond nid oedd genthynt phordd yn
y byd, nag i ddangos yn fyrr, ag yn hyphordd yr odidowg-
rwydd sydd ynof rhagor nog mewn llawer o ieithoedd,
na chwaith i fanegi rhessom am fagod o ddirgelion a gaid
i gweled, ond chwilio yn fanwl amdanynt, mal y mae
gramadegrwyr da yn gwneuthur pawb yn i iaith ihun.
O herwydd hynn, gan nad wyf ond dechrau etto, rhaid iti
(ddarlleydd howddgar) pan welych, ar hynn o gais ddim a
allessid i ddoedyd, wedi adel allan, ne ryw beth wedi
gyfleu allan o i ddyledus le, ne ddiphig mewn rhyw phordd
arall, beidio a gwradwyddo'r neb, o ewyllys da ymy

a 'mcanodd fynwyn i fraint celfyddyd. Eithr os per-
pheiddid di y peth a ddechreuawdd ef, heb ddoedyd iddo
mor absen, nes dwyn hynny i benn, mae ytty fawr ddiolch
gennyfi, a chantho yntaw : canys nid ydyw ef yn tybied
fod hynn yn agos ir perpheiddrwydd y gweddai iddo fod,
eithr i geissio denu rhai ai medrai yn well ef a wnaeth orau
gallodd, yn y drapherth ar blinder y mae ynddo heb gael
ennyd im taclu fi mal y damunai, a heb gynfigen wrth
neb a wnelo yn well nog ef, ond diolch yn gynt iddo,
am ddwyn i ben y peth a wnaethai ef ihun pes gallassai.
Na ryfedda chwaith weled cimaint o fiau wrth brintio,
canys yr ydoedd y dynion oedd yn gweithio, heb fod nag
yn gyfarwydd yn yr iaith, nag yn ddisceulus ar i gorchwyl,
nag yn rhowiog oi trin, ag i gweirio'r pethau a fethai
genthynt : heb law hynn yr oedd arnynt eissie llythrennau,
ag amryw nodau, a fuassai raid wrthynt i brintio yn
gyflawn bob pwnc a berthynai attaf.   Rhaid ymy ddamuno
ar bob cymro bonheddig, a rhowiog, na bo mwy annaturiol
i mi, nog yw pobl eraill i iaith i mammau.   E fydd weith-
iau'n dostur fynghalon wrth weled llawer a anwyd ag a
fagwyd im doedyd, yn ddiystr genthynt amdanaf, tan
geissio ymwrthod a mi, ag ymgystlwng ag estroniaith
cyn adnabod ddim honi.   Canys chwi a gewch rai yn
gyttrym ag y gwelant afon Hafren, ne glochdai ymwithig,
a chlowed sais yn doedyd unwaith good morow, a
ddechreuant ollwng i cymraeg tros gof, ai doedyd yn fawr i
llediaith : i cymraeg a fydd saesnigaidd, ai saesneg (duw a
wyr) yn rhy gymreigaidd. A hyn sy'n dyfod naill ai o wir
pholder, yntau o goeg falchder a gorwagrwydd.   Canys ni
welir fyth yn ddyn cyweithas, rhinweddol mo'r neb a wado
nai dad, nai fam, nai wlad, nai iaith.   Eithr mi a obeithia
o hynn allan trwy nerth duw, athrylith, diwdrwydd a gwiw

fyfyrdod, fynghymru cariadus, y bydd genthyn nhwy fwy o serch i mi, a chan innau fwy o ddiddanwch a golud iddynt hwythau : oblygyd hynn yddwyf yn adolwg i bob naturiol gymro dalu dyledus gariad i'r iaith gymraeg : fal na allo neb ddoedyd am yr vn o honynt mae pechod oedd fyth i magu ar laeth bronnau cymraes, am na ddamunent well ir gymraeg.

Bydd wych.

VI. ANHYSBYS

Drych Cristianogawl: Yn Yr Hwn Y Dichon Pob Cristiawn Ganfod Gwreiddin A Dechrevad Pob Daioni Sprydawl

1585

Yr awdur neur gwr a wnaeth y llyfr yma at ei garedigion Gymry, yn erchi phynniant a llwyddiant iddynt.

Wrth feddwl am fraint a bri r Cymry gynt, ai llescedd ai diystyredd yr owran, mae dolur a chlefyd yn magu yn fynghallon : Canys heb geisio son am wyr mawr a fu o Gymry, drwy synnwyr a nerth yn gorescyn ag ennull gwledydd, gan orchfygu a gorfod ar frenhinoedd, drwy lawer oes o Frutus hyd yn amser Crist : Nyni a gophawn y peth rheitiaf in harfaeth an pwrpas ni, ar peth sy n heuddu mwy o glod ymhlith Cristianogion, yn fwy na dim or a fu cyn geni Crist, yn gymaint ag y mae braint a pharch yr enaid yn rhagori ar y corph.   Eisoes ny ddawn i o benn a chasclu r cwbl ynghyd, ar a fu er amser Crist o oruchafiaeth Cristianogawl ymhlith Cymbry.   Am hynny yn lle sampl i ddangos i ni beth a fuom gynt, a pheth ydym yn awr, mi a ddangosa bedwar sampl yn dwyn clod fawr i genedl Gymry, pe y baent yn hauddu clod a pharch : Ond y maent yn nes i ddwyn ir To sydd heddiw o Gymry fwy a gywilydd a gwarth, nag o glod a chanmoliaeth.

Y Goruchafiaeth cyntaf oedd, i Dduw fod mor drugarawg ir hen Gymbry a danfon yn y mann, ar ol i Grist ddioddef, y phydd Gristianogawl yn eu plith : Yn gymaint a danfon o Dduw Ioseph un or ddau wr urddasawl a fu yn claddu Crist : Hwnn a ddoeth ar phydd gyntaf oll

i ynys Frydain ir Cymbry.   Ag er eyn bod ni yn bell
aruthr odd i wrth Gaer Selem ag mewn ynys wedyn
corlannu an neilltuaw odd i wrth yr holl fyd mewn congol
ddirgel: eisioes ir oedd Duw yn gofalu ag yn pryderu
cymeint am danom ni, ag iddo yn y mann, megys cyn oeri
gwaed y mab rhat, ddanfon y gwr a fuassei yn claddu Crist,
i bregethu ir Cymry.   Er na throes y Brenhin ir phydd y
pryd hynny, eisoes ef a droes lawer o Gymbry eraill.

Mae rhai yn yscrifennu na fu ddigon gan Grist ddanfon
Ioseph in plith ni, ond hefyd fod vn, ony bu fwy o Bostolion
Crist yn ynys Brydein ymhlith Cymry.   Ond hynn sy
siccur ddigon mae vn or Brenhinoedd cyntaf a fu Gristiawn,
oedd Frenhin yr hen Gymbry.   Canys pawb sy n addef
ddanfon o Les fab Coel gennad i Rufain at Bab Rhufain i
ddeisyf arno ddanfon gwyr o ddysc atto i bregethu phydd
Grist i r Brenhin.   Yna y danfonodd Eleutherius y Pab
ddau wr dyscedig duwiol sef Phagan a Doewan.   Y ddau
yma oedd Bostolion y Cymbry : yr hain a drosant y Brenhin
a llawer or deyrnas i phydd Grist.

Y trydydd Goruchafiaeth ir Cymry oeth, fod yr
Emherawdr cyntaf or a fu erioed o Gristiawn, yn Gymbro :
Hwnn oedd Constennin Fawr fab Elen.   Cyn yr Emherodr
yma yr oedd y lleill i gyd yn lladd milioedd o Gristnogion
beunydd drwy r holl fyd, yn enwedig yn Rhufain, lle i
byddei yr Emherawdr yn preswyl ag yn trigo fynychaf :
Yn gymaint ag na adawsont un Pab o Bedr hyd yn amser
Silvester hwnn a fedyddiodd Constennin fawr.   Ny
adawed un Pab i fyw heb ei ladd o Bedr hyd ar rifedi tri
ar ddeg ar hugeint.   Ond pan ddoeth Cystennin Gymro yn
Emherodr, ny ladded mwy o r Cristnogion, ond gwneuthur
cyfraith a wnaeth ef i roi rhyddid ir Cristianogion drwy r
holl fyd i wneuthur Eglwysi.   Ag ef hefyd a roes sampl

iddynt : canys ef a wnaeth yr Eglwysi cyntaf yn Rhufain ag mywn manneu eraill.

Y pedwerydd Gorchafiaeth oedd, ddamwin i Elen y Frenhines santeiddiol a mam Gonstennin drwy weledigaeth fyned i Gaerusalem o ynys Brydein, a dwyn odd i yno y groes fendigaid, a oedd wedy ei chladdu ai chuddio mywn tommen dros ddeucant o flynyddoedd drwy fawrddryginieth yr Iddewon. Gwedy cloddio r Groes or dommenn ai adnabod drwy wyrthieu odd y wrth groeseu r lladron, Elen y Gymraes ar Santes ai rhannodd : Darn a adawodd yng Nghaerselem a gwisc ariant yn ei chylch, ag a wnaeth eglwys deg yno er enrhydedd ir Groes : Y drull arall a ddug hi i Rufain, lle i mae etwa yno mywn eglwys sy wedy ei gwneuthur er enrhydedd ir Groes. Dyma Gymraes ai Mab yn cael son mawr am danwynt, ai copha drwy fawrglod yn yr Eglwys Gatholic drwy holl Gred hyd ar ddiwedd y byd.

Ny dderfyddei i mi fyth henwi Rhisteir ag eiryf Saint o Gymry. Yr oedd mywn vn ynys fechan, a elwid ynys Enlli ynGwynedd ugeinmil o Saint. Mi a welais gopi o Siarter yr ynys dan law Pab Rufain yn rhoi mawr feddianneu ir sawl a ddelai yno i berindotta er enrhydedd ir vgeinmil o Saint. Yno yr oeddid yn ei henwi hi yn Rhufain y Cymbry, ag ynys yr vgeinmil o Saint : Am fod y lle oi faint mor rhinweddawl, a chymaint cyrchfa iddo yn i herwydd ag i Rhufain Fawr. Beth a ddywedwn am Vrsula Santes a Chymbraes ? A hitheu yn ferch i Frenhin y Cymbry, a ddioddefodd farwolaeth er cadw ei morwyndod, ag vnmil ar ddeg o forynion yn Santesol yn dioddef gyd a hi : Ar cwbl a ddoethant o wlad y Cymbry.

Yr oedd yn yr hen amser yn Sir Fracheiniawc vn gwr a phedwar ar hugain o blant iddo, a phob vn o honynt yn

E

Sant. Nyd oes wlad yn holl Gred o gymaint o dir a
chymaint o Saint ynddei, ag oedd gynt ymhlith Cymbry.
Ny rhoen ni ddim or llaw vwchaf i vn wlad onyd ir
Rufeindir yn vnig : Ag etto mywn Conphessorieid yn
marw yn Saint heb eu lladd, nyd ydym ni yn tybieid fod
Rhufain yn rhagori ar Cymry : Ond o rann Merthyri y
mae Rhufain yn dwyn rhagor ar bob gwlad. Maen rhaid
ir gwledydd eraill enwi r rhann fwyaf oe Heglwysi ar
henw vn or Postolion neu Saint ereill, ny bythont yn
perthyn idd eu gwlad nhyw : Ond drwy holl Cymry ny
cheir nemor o eglwys ond ar enw Saint y wlad. Mae i
Fair ag i Fihangel lawer o eglwysi ynGhymry : Heb
lawr ddau yma anaml y cephir nhwy ond yn dwyn enweur
Saint Cymbreig : Ag etto nyd ydym ni yn adnabod y
ddegfed rann o henwae r Saint yn y wlad.

Dyna fal y bu Gymry gynt : ond yr owron myfi a glowa
fod aml leoedd ynGhymbry, ie Siroedd cyfan heb vn
Cristiawn ynddynt, yn byw mal anifeilieid, y rhann fwyaf o
honynt heb wybod dim odd i wrth ddaioni, ond ei bod yn
vnig yn dala henw Crist yn ei cof, heb wybod haychen beth
yw Crist mwy nag anifeilieid : Ar manneu lle i mae rhai
o honynt yn Gristnogion, nyd oes ond rhai tlodion
cyphredin yn calyn Crist : Mae r Bonheddigion ar hai
Cyfoethoccaf heb feddwl am phydd yn y byd, heb fod na
thwymyn nag oer. Am hynny (medd Crist) *ef ai chwyda
nhwy allan oi eneu,* fal i mae naturieth dyn chwdu dwfr
hoewdwym a fytho rhwng twym ag oer. Ond yn lloegr
mae r gwyr Bonheddigion yn amal yn dda, ag yn rhoi
sampl mywn phydd a buchedd dda ir Cyphredin : Ar
Cymry Bonheddigion yn rhoi sampal ir tylodion cyphredin,
i fod heb na Phydd na Chydwybod. Am hynny y bydd
rhaid ir bonneddigion ar y dydd dial roi cyfrif nyd yn vnic

am eu pechodae i hunain ond am lawer or cyphredin syn
golledig o ethryb sampl drwg y bonheddigion : fal i
maer cyphredin Gymry y rhann fwyaf o honynt yn canlyn
bonheddigion, ag yn dwyn eu buchedd ar ol sampleu r
bonneddigion. Ag fal i mae r Cymbry ymhell oddiwrth
ddaioni, felly y mae r bonheddigion ag eraill yn ysgluso ag
yn diystyru r iaith gymraec : Am fod y rhann fwyaf or
bonheddigion heb fedru na darllain nag yscrifennu
cymbraeg : Y peth sydd gywilydd iddynt : A hyn sydd yn
peri ir Saeson dybieid a doydyd fod yr iaith yn salw, yn
wael, ag yn ddiphrwyth ddiberth, heb dalu dim : Am eu
bod yn gweled y bonheddigion Cymbreig heb roi pris
arnei : Canys pe y baei r iaith yn talu dim, y Saeson a
dybygent y gwnai r bonheddigion Cymreig fwy o bris arni,
nag i maent yn i wneuthur. Hefyd chwi a gewch rai or
Cymry mor ddiflas ag mor ddibris ddigywilydd, ag iddynt
ar ol bod vn flwyddyn yn Lloegr, gymeryd arnynt ollwng
eu Cymraeg dros gof, cyn dyscu Saesneg ddim cyful i dda.
Y coegni a r mursendod hyn yn y Cymry sy yn peri ir
Saeson dybied na thâl yr iaith ddim, am fod ar y Cymry
gywilydd yn dywedyd eu hiaith i hunain : A hynny a
wnaeth ir iaith golli a bod wedi ei chymyscu ai llygru a
Saesneg. Ond i mae gan y fi beth amcan ar ieithoedd
eraill, a pheth gwybodaeth o rann yr iaith Gymraec : ag
yn wir wrth gymharu ieithoedd ynghyd ny wela fi yr un
or ieithoedd cyphredin eraill, nad yw r Gymraeg yn gystal
ar oreu o honynt oll, os ceiph ei dodi a i gossod allan yn ei
rhith ai heulun i hun, ie ag yn blaenori ar lawer o ieithoedd
ereill mywn aml foddau a fedrwn eu henwi, ag a wyr y
Cymbro dyscedig. Py baei r bonheddigion Cymreig yn
ymroi i ddarllen ag i scrifennu eu hiaith, hynny a wnaei
i r cyphredin hefyd fawrhau a hophi r iaith. Ag megys y

darfu i mi scrifennu r llyfr yma yn bennaf er mwyn y
cyphredin a r annyscedig Gymbry, er rhoddi cynghor ir hai
deillion, sy wedy myned ymhell odd i ar y phordd : felly
ir wyf yn deisyf ar y bonneddigion Cymbrigeidd ar y sy
yn dwyn ewyllys da ir iaith, er eu bod yn cael cyngor da
mywn llyfreu saesoneg da, etto er mwyn denu r cyphredin
i ddarllain ag i wrando ar hyn o gyngor, nhwy a wnant yn
dda gar bron Duw, a daioni yw Gwlad, os darllennant
hefyd y llyfr yma, er mwyn rhoi sampl ir cyphredin i fod yn
chwannoccach yw ddarllein ai glywed.

Yr ansawdd ar ordor a gedwais i yn y llyfr yma a gewch
chwi ei ddeall y llynn : Fy meddwl am pwrpas yn unig yw
dwyn dynion i fyw fal Cristnogion, i wasanaethu Duw yn
ddwyfol : Dyma r peth yr ydwyf yn trafaelio ag yn llafurio
am dano yn yr holl lyfr yma. Am hyn mi a rennais y llyfr
yn dair rhann.

Yn y rhan gyntaf ir wyf yn ceisio dwyn dynion i
wasanaethu Duw drwy deg a thrwy gariad. Ag o achos
hynny yn yr holl rann gyntaf ir wyf yn dangos y daioni y
mae Duw wedy roi i ddynion i geisio eu dwyn i garu
Duw ag ei wasanaethu drwy deg, am iddo wneuthur
cymaint o ddaioni i ddynion. Y daioni cyntaf a gawsom
gan Dduw, oedd iddo eyn gwneuthur ni o ddim ar ei lun ai
ddelw i hunan yn Nechreuad y Byd : ag or daioni yma y
mae vn Pennod ir rhann gyntaf or llyfr. Yr ail daioni a
gowsom gan Dduw oedd wrth iddo eyn prynnu ni drwy
farw drosom pan oeddem yn golledig : ag i mae Pennod
arall yn dangos y daioni yma. Y ddau ddaioni hynn a
ddangosodd Duw i ni yn y byd yma : Ond i mae r trydydd
ddaioni yn ei gadw hyd y byd nesaf : Hwnn yw llawenydd
ternas nef : Y daioni yma yr wyfi yn ei ddangos yn y
Pennod diweddaf or rhann gyntaf ir llyfr. Ag fal dyma

derfyn a diwedd ar y modd cyntaf, sef yw i ch dwyn drwy deg i fod yn Gristianogion. Ag ony throwch drwy deg, y mae r ail Rhann yn eych galw drwy hagar : Ony fyddwch da er cariad ar Dduw yn y Rhann gyntaf, byddwch weison i Dduw rhag ei ofn yn yr ail Modd.

Ag o achaws hynn yn yr ail Rhann ir llyfr yr wy fi yn dangos dig a dial Duw yn erbyn Pechadurieid, i beri iddynt ofni Duw, ai wasanaethu rhag ei ofn. Ond cyn dechreu r ail rann, yr wy fi yn dangos brynti pechod, a maint yw dig Duw ai ddial yn fynech yn y byd yma yn erbyn pechadurieid. Yn ol hynn yr wy fi yn myned o radd i radd hyd at y dial pennaf, wrth ddechreu dangos dial Duw yn y byd yma : Ond yr ail ddial sy waeth na r cyntaf, ar ail a fydd Ddydd y Farn. Etto y mae r trydydd dial yn waeth na r ail : a hwnn a fydd fyth yn Yphern. Am hynny mae r tri dial hynn yn canlyn eu gilyth yn ol eu graddeu yn yr ail rann ir llyfr : a hyn i gyd i yrru ofn ar ddynion. Yn y penn diweddaf ir ail Rann yr wy fi yn dangos faint i dylem ofni farfoleth annuwiol : Am fod marfoleth dda yn dwyn dynion ir nef, a marfoleth ddrwg yn dwyn i Yphern. Idd wu gwneuthur yn bryderus ag yn ofalus i feirw yn dda, ag i fod yn barod pan ddel angheu, y gosodais i farwolaeth ar ol yr holl betheu ofnys : Am fod cymeint achos i ofni marfoleth ddrwg, ag y sydd i ofni Ddydd y Farn ag Yphern. Y ddwy Rann yma ir llyfr a allei fod yn ddigon i ddwyn dynion resymol i garu ag i ofni Duw.

Ond gan fod dynyon bydol yn gwneuthur llawer o escusodion rhag troi at Dduw, yn y drydydd Rann ir llyfr yr wyf yn tynnu pob rhwystr odd i ar eu phordd nhwy. Yr rhwystron pennaf a r amlaf yw r hain : y Byd, Oedi r amser i droi at Dduw, Pwyso gormod ar drugaredd Dduw,

Anhawdd a chaled ganthynt fuchedd y Cristianogion, Colli Tir a dayar a Da, a Gadel eisieu ar y Wraig a r Plant, os byddant Gristianogion, Dioddef Cospedigaeth a Marwolaeth am y Phydd. Dyma r chwech rhwystr pennaf sy n dala llawer rhag bod yn Gristianogion. Am hyny yn y drydydd rann o r llyfr mewn chwe phennod ir wyf fi yn tynnu r Rhwstron coegion hyn odd i ar y phordd, yw gwneuthur yn rhwydd i bob math ar ddyn.

Ag er bod y llyfr yma wedy ddosparthu ai rannu yn dair Rhann, fal i clowsoch, rhaid yw dyall o rann daioni r matter ar phrwyth fod y tair Rhann wedy eu gwneuthur ai cyssylltu ynghyd, ae bod nhwy megis yn vn Corph eill drioedd. Ag fal y bydd corph yn amherphaith, o bydd vn aelod yn eisieu : felly ny bydd vn yn cael dyall dyfnder y matter mawr yma, nes iddo ddarllain neu glywed y tair Rhann yn gwbl, a phob Pennod o honynt or dechreu hyd y diwedd.

Drych Cristianogawl yr henwais i y llyfr yma am fod pob Cristiawn yn gallu canfod ynddo, os mynn, lun y petheu yssydd iddo eu canlyn neu gochel yn y byd yma, megis y cenfydd dyn mywn drych o wydr lun gwrthddrych y peth a fo ar gyfeiryd y drych.

Mi a wnn y bydd peth beio ar fyngwaith pan ddel i ddwylo llawer o ddynion, cyd bwy fi o ewyllys da i m gwladwyr yn gwneuthur y peth y sydd oreu a chymhwysaf yn fy meddwl i. Am hynn mi a atteba i rai o r beieu a ellir dybieid eu bod yn y llyfr yma.

Yn gyntaf ef a rhyfeddir paam yn y llyfr hynn ir wyf yn arfer o eirieu anghyfieith, megis o eirieu seisnic ag o ereill ny pherthynant ir iaith Gymraec, heb law bagad o r sawl nyd ydynt Gymraeg rywiog : gann fy mod or blaen yn beio ar Gymbry am nad oeddent yn ymgleddu r Gymbraeg. I atteb, hynn yw r achos : Nyd oes bai ar y Gymraeg,

ond ar y dynion yn y pwngc yma. Canys fynghyngyd am
meddwl yn bennaf yn y llyfr hynn yw rhoi cynghor sprydol
ir annysgedig : Ag er mwyn cael gan y cyphredin ddeall y
llyfr er daioni iddynt, mi a ddodais fy meddwl i lawr a cheir
eu bronneu hwy yn yr iaith gyphredinaf a sathrediccaf
ymhlith y Cymry yrowron. Canys pe i bysswn i yn
dethol allan hen eirieu Cymraeg nyd ydynt arferedig, ny
byssei vn ym mysc cant yn dyall hanner a ddywedasswn,
cyd byssei yn Gymraeg da : am fod yr iaith gyphredin
wedy ei chymyscu a llawer o eirieu anghyfieith sathredig
ymhlith y bobl, a bod yr hen eirieu a r wir Gymraeg wedy
myned ar gyfyrgoll a i habergofi. Amherthynas wrth
hynn a fuassei ymarfer o araith heb nemor yn ei ddeallt.

Hynn hefyd a wnaeth i mi yn y llyfr yma gytgymyscu
geiriau r Deheudir a geirieu Gwynedd, pan fyddant heb
gytuno, sef i gael o bawb or ddwywlad ddyallt y llyfr yma.
O ddamwain ef a gymerir fann arall i goledd ag i ym-
geleddu r iaith, os Duw a ddenfyn iechyd ag amser cyfaddas:
Eithr ynawr wrth dreuthu Gair Duw rhaid yw ymgais ag
ymarfer o r iaith hawddaf a nesaf ei deallt ymysc pawb yn
gyphredin.

Hefyd achwyn a ellir fod y llyfr hynn yn ormod ei hyd,
atfydd vn byrrach a fyssei well : Canys llawer peth a
allessid ei hepcor, a llawer arall ei ddangos a llai o eirieu :
Ond wrth ystyriaw Stad a chyflwr y Cymbry, ny allei fod
mywn modd gwell. Canys i mae r llyfr yma yn dwyn i
lawr ag yn dangos gwadan a grwndwal, neu sylfaen a
gwaelodfaen pob daioni sprydol : Ag o achos hynny y
sawl bynnag a wrandawo r llyfr yma, ag ai planno yn ei
feddwl yn gadarn, ef a fydd gantho yn ei gallon y dechreuad
a r rhann reitiaf o bob daioni sprydol : Ag am hyn ir oedd
yn rhaid roi r garreg waelod yn ddiogel siccur ar lawr, cyn

gossod dim arall arnei. Wrth hyn nyd rhyfedd roir
dechreuad ar lawr yn gyflawn ag yn phrwythlawn, am fod
y maen cyntaf yn cynhal yr holl bwys a ddodir arno.
Eisoes er dayed ag er diogeled i bytho rhaid ir dechreuad
fod, ef allessid a llai o eirieu gyfansoddi hyn cyn phrwyth-
loned a chynt, ond nid ir cyphredin Gymry er mwyn yr
hain i bu hyn o boen i gyd. Y sawl sy a dim dysc a dyall
ganthunt, a allant ddyall resymer llyfr hyn pan glywont
hanner y rheswm, herwydd ei bod yn gyfarwy wrth glywed
neu ddarllain llawer o r cyfryw betheu : Ir hai hynn ny
byssei raid onyd dangos y petheu yn fyrr drwy resymeu,
sampleu, a doydiadaur Scythur lan ar Saint : Ond pob
peth or ahenwo dyn sy ddigon tywyll ir cyphredin
deillon, heb nemor o gloywed ddim eirioed : a rhyfethod a
fydd ganthynt a thywyll glywed araith, hon nys clowsant yn
eu hoes. Wrth hyny rhaid o cymeryd pawb megis i bo,
a chyd-ddwyn gyd a phlant gweinieid : Bwyd cryf a
phrwthlonfwyd sy gyfaddas i wyr, a llaethfwyd gwann ir
plant. Arfer mamhaethod yw, pan ddel y plantos bycheinn
i ddechreu medru bwyta, ir famhaeth gnoir bwyd yn
faan, ag yna ei roi yngenaur plentyn. Felly rhaid i minneu
chwareu r famhaeth : Plant ifeingc yw r cyphredin
Gymbry, a dechreu i maent fwytta bwyd sprydol, dechreu
rhoi clust i wrando gair Duw. Am hynny os mameth a
fyddaf iddynt ys dir i mi gnoi r bwyd yn faan : nys gallant
lyngcu brasfwyd onys gwneir yn fanol iddynt. O achos
hynn ny wasanaetha ddim ddangos iddynt gorph y gwaith,
a dangos yn fyrr beth y maer Scrythyr lan ar Saint yn ei
ddoydyd yn erbyn Pechadurieid : Ny byddei hynn iddynt
onyd brasfwyd : ny allent nai ddeallt nai lyngcu : Am
hynny yr oedd yn anghenrhaid gnoi bob peth yn fanwl
iddynt drwy Resymeu naturiol, drwy sampleu goleu a

thrwy gyphelybiaetheu wedy eu benthycca oddiwrth
bethau daearol gnotaedig iddynt.

Ydd wyf hefyd ar hyd y llyfr yma o r gwaith oddef ag o
bwrpas yn amgenu ac yn amrywio ansawdd a modd yr
yscrifenn a r orthographi neu r iawnscrif yn y geirieu,
megis a phras yr ymadrodd hefyd scatfydd y gallei lawer
dybied taw o anwybod y damchweiniassei hynny oll i mi :
nyd felly, canys gwnn yn brifdda y modd y gnottaynt gynt
yr hen bobl o scrifennu ag adrodd eu historiae, eu cyfreithae,
eu Cerdd dafawd, eu meddyginiaethae, a llawer o eraill
bethae mewn membrwn a chrwyn hyfrod : mal y mae
llawer o r llyfrae hynn etto in plith ni o i gweled, cyd
bwynt lawer hefyd wedy myned ar goll a chwedy eu difa
yn llwyr, ys waeth er oedd hynny. Paam y gwneutho
hynn o newidiad, ef a ddangosir ryw bryd arall a Duw
yn y blaen.

Ag fal dyma rai o r achosion a wnaeth i mi fod mor
frith helaeth yn y petheu a scrifennais, heb geisio son fod
y defnydd a r matter morr phrwythlawn, ag y gellasswn i
ddywedyd dri chymaint nag a ddoydeis ymhob Pwngc.
A chyd bwynt y Pennodeu yn anian hyrion idd eu darllein
vn ar bob pryd, i mae modd idd eu rhannu, ag idd eu
darllain y maint a fynnoch ar bob pryd.

Rhai atfydd a ddywedant fod y llyfr yma yn rhy gaeth
rhy galed, yn gyrru gormodd ofn, ag yn abl i beri i ddynyon
anobeithio trugaredd Dduw : Ag am hynny cynt y credant
fod trugaredd Dduw vch law pob peth : Ny fynnant son
fod Duw mor gaeth wrth bechadurieid, ag y mae r llyfr
yn dangos : Mi attebaf i hynn drwy gyphelyb am y corph :
Pan gapho dyn frath ag arf yn ei gig a i gnawd, rhaid i r
meddyg wneuthur gwareth a i frathu yn nhwll y weli
neu r archoll, a rhaid i r oreth warethu a myned hyd

ddyfndwr y twll, onyd ef, ny wna na lles na canhorthwy
i r dyn brathedig.   Am hynny cyd boed mawr dolur y dyn,
rhaid yw chwilio dyfndwr a gwaelod y clwyf a r briw, onyd
ef, nyd eiph byth yn iach.   Ef a ddychon arbed y dyn
brathedic a pheidio a chwilio gwreiddin y dolur, a pheri i
groen dyfu arno, etto ef a dardd allan ryw bryd, am fod
y gwreiddin eb fyned yn iach.   Yn yr vn agwedd y gallwn
innef chwareu rhann meddyg twyllodrus, gan ddywedyd
yn deg ag yn wenheithus wrthych, a gadel i chwi bwyso
gormod ar drugaredd dduw : ny byddei hyn oll onyd
gwneuthur croen newydd o r tu allan, a gadu gwreiddin
y clwyf sef dyfnder a gwaelod y Pechod yn y Gallon : a
gadel iddo bydru yno a lladd yr enaid yn farw, a i ddwyn
yn y diwedd hyd ar waelawd Yphern.   Ond gwell gan yfi
beidio a ch twyllo chwi, gan chwareu r meddic cywir, drwy
frathu goreth hyd at wreiddin y clwyf, er ei fod yn peri i
chwi fyrwino, dolurio, a chrynnu.   Y mae r brath yn ddyfn
aruthr a chwedy pydru r enaid drwy eych aml bechodau
chwi.   Wrth hynny nyd oes fodd i chwilio ddyfndwr y
gallonn, ag i wneuthur y dyn yn iach gwbl, onyd drwy
ddangos ddyfnder a gwreiddin pechod, a maint yw dial a dig
Duw yn erbyn pechadurieid.   Hynn a wnaeth i mi ddangos
cymeint yn erbyn pechawd, a dangos dial Duw ar y
pechaduried, er mwyn eych dwyn chwi i ofni Duw : am
fod yr Scrythur laan yn dywedyd *Pan yw ofni r Arglwydd yw
dechreuad synnwyr nefawl.*   Nyd wyf yn doydyd dim ar fy
mhenn fy hunan : Gair Duw yn bennaf a geirieu r Saint a
ddangosaf i chwi am bob Pwnc.   Nyd yw fy rhann i
guddio ragoch y petheu y mae Duw a r Saint yn eu dangos :
Nyd wyf yn ceisio gan eych chwi fyngrhedu i, ond credwch
eirieu Duw a r Saint, onyd ef, nyd ydych Gristianogion.
Nyd yw r dial mawr y sydd yn y llyfr yma, yn erbyn y

rhai da, nag yn erbyn y pechadurieid, os troant at Dduw
ym mrhyd ag amser : Eithr y dig a r dial yn vnig yssydd
yn erbyn y callonneu caledion ny throssant er maint a
ddywetter wrthynt.

Atfydd hefyd y beient arnaf rhyw rai o r Cymbry
dyscedigion, am nad wyf yn y llyfr yma yn troi r Scrythur
laan, a doydiadeu r Saint ai haraith yn gymhwys i r iaith
Gymraec, wrth ddodi gair tra gair, ag i bob gair rhoddi
ei enw anianol, megys y bydd rhaid wrth gyfieithu a throi
peth o vn iaith i r llall : Ag yn enwedig wrth gyfieithu r
Scrythur lan a geirieu r Saint rhaid yw bod yn bryderus i
geisio geiriau cyfaddas cynhwynawl i henw pob beth.
Gwir iawn yw hynn oll pan fytho dyn yn cyfieithu ag yn
trossi r Scrythur lan i iaith arall, ag yn ei dodi a i gossod
allan i ddynion yw darllain yn enw Scrythur laan : Yna y
bydd rhaid ymchwel bob gair yn gymhwys ag yn ei briawd
anian cyd bo tywyll i lawer : Ond pan fytho vn yn pregethu
i ddynion cyphredin ag ychydig ddeallt ganthynt, yna y
dychon gyfieithu r geirieu yn y modd goreu ag y gallo r
cyphredin bobl y ddyall, drwy ei fod ef yn cadw r vn
meddwl a r synnwyr yn y geirieu ag y mae r Yspryt glaan
yn ei feddwl a r Eglwys laan Gatholig yn ei ddangos.
Ag am fy mod i yma yn ceisio dyscu r cyphredin gymry,
rhaid i mi droi r geirieu yn egluraf a goleuaf y gallwyf, i
gaphel o honynt eu deallt hwy yn ddibetrus, heb ymwrthod
nag ymadel o honof ddim a meddwl yr Yspryd glan na r
Eglwys, wrth droi r geirieu i r Gymraeg.

Hynn o ddamchwain o liw beieu a gasclai rhyw fath
ar ddynion yn y llyfr yma, ag eraill ryw eulun beieu o fath
arall : Ond o chaf wybod vn bai nag arall, mi a fyddaf
barod i ymostwng ag i vfuddhau i r sawl bynnag a i
danghosso, yn enwedig o dihangawdd ddim o m geneu

drwy anghof yn y llyfr yma a fo yn anghytuno mywn dyall
a meddwl a r Eglwys Gatholic fy Mam sprydol.

Ny cheisiaf na thal na diolch am fy mhoen a m hewyllys
da, ond bod yn gyfrannol o weddi pob Cymro phyddlon,
o r a gapho ddim diddanwch na lles yw enaid wrth ddarllain
neu glywed y llyfr hynn.

Duw a Mair gyd a chwi oli, ag a drefno i ni fyw yma
ynghorlann Crist, megys y gallom i gyd gytgyfwrdd
ymHaradwys nefawl, a theyrnasu gyd a Duw yn
dragywyddawl.

Amen.
O FVLAN
yr eiddoch
G. R.

VII. SIÔN DAFYDD RHYS

Cambrobrytannicae Cymraecaeve Linguae Institutiones
et Rudimenta . . .

1592

At Bendefigion, a Boneddigion, a Phrydyddion,
a Chymreigyddion, ac at eraill o m Annwylieid o
Genedl Gymry, ac eraill amgen no'r hain,
Annerch a Llwyddiant.

Nyd oes nemor o iaith (hyd y gwnn i) ynn Eurôpa a'i
hynysoedd, nas cafas ei hymgelêddu a'i choledd gann ei
Ieithyddion a'i Gwladwyr 'ihûn o amser i gilydd; onyd
eyn hiaith ni y Cymry. Yr honn ynawr yn hwyr ac o
fraidd, a ddechreuodd gaphael pêth gwrtaith gann wyrda
dyscêdic o'n hamser ni; a hynny yn enwêdic o rann
cymreic-háu corph yr yscrythur lân. Canys os golygwch
arr genedloedd a phobloedd eraill, megys y Groecieit,
a'r Lladinieit; chwi a ellwch ganfod, nadd oes nebryw
wybôdaeth na chelfyddyd dann yr haul, o'r ddichon bôd
mywn dyn, nas capher ei gweled yn amlwc ynn eu hiaith
a'e llyfreu hwy, yn gyn amled, a bôd holl Europa yn
gyflawn o'i hiaith a'i llyfreu hwy, ynn tragwyddôli moliant
a gogoniant i'r Gwledydd hynny, ac i'r Awdurieid ac i
Ymgeleddwyr yr ieithoedd hynny, hyd tra barhâo byd.
A gwedy yr hain hynn, y dilynnasant yr Ieithoedd
cyphrêdin, megys yr Italieith, yr Hyspanieith, y Phrangec,
yr Almannieith, y Saesônec, y Scotieith, a ieithoedd eraill
heb law hynny, a fedrwn eu hadrodd, ony bei rhac ofn ych
trablîno. A'r ieithoedd hynn oll a gyfarfûant o amser i
amser a Ieithyddion, a Ieithymgeleddwyr hawddgâraf o'r

byd, ac ewyllysgâraf i ymgelêddu, a choledd, a mawrháu
bôb vn o honynt ei iaith ihûn ; hyd ynn y diwedd nadd
oes cymeint ac vn heddiw o'r holl ieithoedd cyphrêdin
vchod, na bô ynddei holl gelfyddôdeu'r byd, wedy eu
cyfléu a'i cymhennu yn brintiêdic mywn Coflyfreu a
barháont hyd tra barháo phyrfâfen. Yr hynn bêth a
fagodd ddirfawr barch a mawrháad tragywyddawl, nyd yn
vnic i'r Ieithyddion, a'r Gwrteithwyr, a'r Awdurieit :
onyd hefyd i'r Gwladwyr a'r Cenhedloedd hynny. Eithr
ninheu y Cymry (mal gweision gwychion) rhai o honon'
ynn myned morr ddiflas, ac mor fursennaidd, ac (yn
amgênach nog vn bobl arall o'r byd) morr benhoeden ;
ac y daw brîth gywîlydd arnam gynnyg adrodd a dywêdud
eyn hiaith eynhûnain ; îef a gwynn eyn byd ryw rai o
honom fedru bôd mor findlws, a chymrud arnam ddarfod
inni o gwbl abergôfi y Gymráec, a medru weithion
(malpei) ddoydud Saesnec, a Phrangec, ac Italieith, neu
ryw iaith alltûdaidd arall parywbynnac a fô honno oddieithr
Cymraec : Cytbóet yn wîr ynn y cyfrwng hynn, nas medrom
y ganfed rann o'r ddieithriaith a gymhersam arnam ei
gwybod a'i doydud morr hyfedr. Eithr nyd yw y
fursennaidd sorod hynn o Gymry (os têg doydud gwîr) onid
gohilion, a llwgr, a chrachyddion y bobl, a'i brynteion :
a megys cachadurieit y wlâd : Ac ynn yr vn Orseddfa
a chadair a'r rhai hynn, y dylyid lleháu a gossod y rhai a
fynnynt doddi a difa holl iaith y Cymry, a chyfléu a dodi
iaith y Saeson ynn ei lle hî : yr hynn bêth yssydd ymhossibl
ei gwbl-háu a'i berpheithio, heb ddifa yn llwyr holl genedl
y Cymry, a'i gwneuthur yn Seisnic. Eithr my fi a
gyphelybwn y rhai hynn i Gwcwalltieit, a fedrynt fôd yn
gyn ffoled, îef yn gyn ynfytted a bôd yn fodlon ganthynt,
fyned o'i gwelyeu euhûnain oddiwrth eu gwragedd prîod

a goddef i ryw fryntddynion eraill fyned i'r vn gwelyeu i gamarfêru o'i gwragedd a'i halôgi. Yr hai hynn yn ddiameu a'i cyphêlyb, megys gelynion i'r Iaith Gymreic, a fyddant barod ddigon i ganfod llawer bai ynn y llyfr hwnn, o ethryb ei wneuthur arr amcan mawrlles i'r wlâd, ag er mwyn ymgêledd a cheidwâdaeth tragwyddol i iaith y Cymry. Canys nid oes na phordd na môdd well ynn y byd i warchâdw iaith rhac ei cholli, no gwneuthur Gramâdec iddi ac o honi. Ac ynn y môdd hynny, y cadwyd heb gyfyrgolli yr Hebráec, a'r Gróec, a'r Lladin, a'r Arabiaith, a'r Caldáec etc. A'r mursenddynion vchod a gwir Erthylod iaith Gymry, er meint a feiant arr hynn o lyfr, eisioes ny's medrant na gwella dim o'r yssydd ar fai, nag vniawni dim o'r yssydd yn ngham ; na chwaith ddechymygu dim o'i hemenyddieu a'i synhwyreu euhûnain, a fô cystal a'r beieu gwaethaf a gapher yn y llyfr yma; pann fwrier y gwyrda hynn at eu prawf. A'r hai hynn a ellir eu dyfâlu a'i cyphelybu i Gostoc tomm, yr hwnn o ddryg-anian ny wnâ na chnoi yr ascwrn i hûn, na goddef i Gî arall ei gnoi. Eithr i'r hai hynn a'i cyfryw, y cynghôrwn nadd ymflînynt ddim o'i penneu phôl a dim o'r y sydd ynn y llyfr yma, onyd yn enw duw, gadel o honynt bôb pêth yn wastadaidd, ac mywn y fâth lonyddwch ac ansawdd, megis a phei byssid heb yscrifennu ddim o hynn o lyfran eirmoed, a megys hefyd a phei byssei yr Awdur, a'r dyn a'i gwnáeth, heb ddim o'i eni eirioed. Canys ny wnaethpwyt ddim o'r llyfr yma er mwyn y fâth sothachddynion, ac ynt yr hai hynny ; onyd ar hyder a meder gwyr da eu hanian, a gwyr dyscêdic ynn yr iaith Gymráec ; er mwyn gallu o honynt drwy ymgais a chann eu pwyll, gáel beieu yn y llyfr o amser py gilydd ; wrth fall yr ymgyfarfyddont ac yr ymgyhyrddont a'r beieu, y gallont eu gwella; ac o'r

diwedd arwain iaith morr odîdoc ac morr brydferth, ac yw
y Gymráec allan o'r dygn dywylli y mae hî ynddo, a'i
dwyn idd ei hên berpheithrwydd a'i theilyngdawd gynt.
A dyma i chwi (f'anrheithi a'm Anwylieid) y meddwl a'r
amcan, a'r cyngyd, a oedd gannyfi wrth geisio gwneuthur
hynn o waith. Ac nyd o falchedd ynn y byd, nag o
ymddangosiad chwaith ofer rodres na gwrhydri, y gwneuth-
um yr hynn a wneuthum. A bît honneid a chyhoeddus
i chwi, fy môd er ys llawer dydd ynn ymaros ac yn ddigon
da fy ngortho, i edrych a welwn nêb o breswylfod Cymry
yn gystal ei grêth a'i anian, a myned (o'r diwedd)
ynghylch hynn o orchwyl er serch arr yr iaith, a'r wlâd,
a'r dynion : a chann nas gwelwn chwaith fâth gyngyd
ac amcan ynddynt o fywn hynn o amser, a chanfod o
honof yr iaith o eisieu Grammâdec Cymráec ynn myned
megis arr gyfyrgoll ; a syllu o honof hefyd, fôd gelynion
yr iaith ym mronn cáel eu gwynfyd arnei : mi a
wneuthum y meint a welwch ; gann obeithio y gallo
ryw ddyn da ddyfod im hôl, a fetro gwpláu a pher-
pheithio y meint a wyfi ynn ei ado yn anorphenn ac yn
ammherphaith. Canys ymmhossibl yw dechreu a
pherpheithio arr vnwaith, vnpeth morr galed ac yw
Grammâdec Cymreic. A phôb dyn a wyr, na allwyd
erioed fwyta pryd o fwyd ynn vn tameid, nac arêdic erioed
erw o dîr ynn ungwys : ac felly o rann cyphelybrwydd,
ny allwyd eirioed berpheithio arr vnwaith vn gelfyddyd
ynn y byd ; onyd yn ôl ei dechymygu a'e dechreu, oddyna
o bryd i bryd ei chwanêgu hî, ac o'r diwedd ei pherpheith-
iaw. Ac wrth hynn, y gellir canfod fôd er ys hîr dalm o
amser fai mawr arr Brydyddion a Chymreigyddion Cymry
o barth distriwiad ac angeu yr iaith : a diameu nas dichon
yr iaith adel ddim o'i gwc a'i gelanastra, onyd yn fwyaf

oll arnynt hwy. Canys cadw a chuddio a notaynt y rhei
hynn, ac eraill hefyd eu llyfreu a'i gwybodaetheu mywn
cistieu a lléoedd dirgel ; hyd na ddelei attynt nag arnâddynt
na gwynt, nag awyr, na haul, na lleuad, na llygad dyn ;
ac hyd na bei vndyn yn gyfrannol o ddim o'r a fei ynddynt :
ac hyd na ddelei ddim llwyddiant iddynt, na dim elw o
honynt : onyd gwedy angeu a marwôlaeth eu ceidweid,
ddyfod o'r llyfreu hynn drwy ddrwg ddilaith a thynghedfen,
i ddwylo Plantos o'i rhwygo, ag i wneuthur babîod o
honynt ; neu at Siopwragêddos i ddodi llyssieu sioppeu
ynddynt : neu ynteu at Deilwrieit, i wneuthur dullfesurau
dillâdos a hwynt : hyd nadd oes nemor o'r petheu odidoccaf
ynn y Gymraec (wrth hynn o gamwedd) heb eu hanrheithio
a'i difa yn llwyr. A'r Prydyddion o'i rhann hwynteu
(er mwyn gwaethu ar y gwaethaf) o byddei o ddamchwain
gan ryw rai o honynt ddim cynhildeb, na chywreindeb,
a'r ny bei gann eraill o'i cedymdeithion ; hynny oll a
gadwent yn rhîn oddiwrth Brydyddion eraill, ac oddiwrth
bawb heb law hynny ; megis y gellit ddywêdud (malpei)
fôd gann hwnn a hwnn, a'r llall a'r llall, y fath gelfyddyd
a chynildeb mywn Cymraec a Phrydyddiaeth, a'r nadd
oedd gann vndyn ei chyphêlyb, onyd ganthynt hwy. A
phann fei meirw y Prydyddion hynny, yna yr aei y tegwch
hynny igyd i'r prîdd, ynn y lle ny bei byth sôn am dano.
Hyd ynn y diwedd, ny adawyd na chelfyddyd ynn eu
plîth, na dyn celfydd a fei gwiw sôn amdano, ac hyd wrth
hîr ddilyn y gamwedd honno, y tynnasant ac y llusgassant
euhûnain y Prydyddion allan o bôb teilyngdod ac vrddas ;
ac yn gystal ac i fraint Rogyeit, heb nag Eisteddfôdeu (wiw
sôn am danynt) ganthynt, na chwaith Breinieu na Graddeu
fal gynt : onyd rhai o honynt ynn ymroddi euhûnain i
ddiôgi, ac i lynna, a phiteinia, ac i ddywêdud celwydd ynn

F

eu Cerdd, ac i bôb aflwydd gyd a hynny. Eithr pei byssynt,
yn ôl sampl y Groecieit, a'r Lladinieit; ac yn ôl defod ac
arfer pôb iaith gyphrêdin ddilynol i'r hai hynn, ynn dodi
allan mywn print, ac i olwg y byd, degwch a phrydferthwch
y Brydyddiaeth Gymreic, yn burlan ac heb lygru ddim o
henei; yna y buassei Pennadurieit Lloegr a Chymru, a
gwyr tramorêdic hefyd ynn cymrud cymeint o enrhyfêddod,
wrth ganfod y fâth degwch ynn yr iaith gymreic, ac
ynghowreindeb a chelfyddyd y Prydyddion; ac y byssynt
morr chwenychgar i'n hiaith ni, ac ydym ninheu ac awydd i
amgofleidio ac i amgyphred ei hiaith hwynteu; ac i fawrháu
a mawrberchi yr Awdurieit a'i Prydyddion o ethryb eu
cywreinrhwydd a'i cyfarwyddyd. On'd gwîr yw'r ddihareb
A geisio'r cyrn a gyll y clustieu : Felly y Prydyddion, wrth
fôd yn gymeint eu hawydd i geisio cadw dirgelion a
rhinoedd yr Iaith a'r Brydyddiaeth ynn eu plith e'hunain,
ac wrth ymddieithro pawb o honynt oddiwrth eu gilydd,
rhag i rai o naddynt drarhagôri arr y lleill; ef a ddarfu
iddynt nyd yn vnic ddifa'r Iaith a'r Brydyddiaeth, onyd
hefyd colli eu hên Fraint, a'i hên Vrddas a oedd ddylŷedic
o gyfiawnder iddynt. A thra yttoeddynt ynn cynfigennu
wrth eraill, rhac ymgyfarfod o nêb o honynt a'i gwybôd-
aeth ac a'i cynhildeb hwy, y lladdoedd Cenfîgen ei pherchen.
Ac o'r achaws hynny, o damchwain cáel ynn y llyfr yma
betheu yn nghamm (o rann Prydyddiaeth yn vnic, heb
ddim amgênach,) y Prydyddion ynn hynny rhannent
rhyngthynt. Canys nyd oes dim yma ynghamm (o rann
Prydyddiaeth) na bû rai o honynt yn gynghor ynddo, ac
yn gyfrannol o hono; na chwaith ddim yn iawn ac yn
brydferth yma, na's bû ryw rai o honynt yn achosiol i
hynny hefyd; o ddieithr y llunieu a wneuthum om llaw
fy hûn drwy yr holl lyfr. Canys gwybydded pawb, mae

fyfi fyhûn yn vnic a ymdrînawdd ac a ddodrefnawdd nyd
yn vnic yr holl lyfr o'i ddechreu hyd ei ddiwedd; onyd
hefyd a ddechymygawdd drwy holl gorph Prydyddiaeth y
Tableu, a'r Llinieu, a'r Phurfeu llinellawc, a'r Cadwyneu, a
chymeint ag a welwch o degwch a Phrydferthwch o rann
y golwc. Ac weithieu y gwneuthum ryw linelleu, lle nyd
oes nemor o Gynghânedd; o rann rhyw ddirgel gyngyd
ynn fy meddwl fyhûn. A hynn oll a wneuthum, er mwyn
esmwythder a goleuad i'r Darllennydd. Ac o rann yr
holl bartheu eraill o'r Grammâdec, myfi fyhûn ae
dechymygawdd ac ae perpheithiawdd, heb orflînaw vndyn
o honawch o'i blegyt; nag o rann y defnydd nag o rann y
drefn. Ac am hynny, beth bynnac yw hynny oll, na dû na
gwynn; ydd wyf yn attêbawl drosto. Eithr chwitheu y
Prydyddion, ymgeisiwch ac ymolygwch am ryw fâth arr
bethau a gefais i gennwch, ar eu bôd mal y gweddau
iddynt fôd; rhac dodi bai arnoch pann fô chwi a minneu
yn brîdd. Eithr o rann y gwrda a'r Pendêfic mawr-
ddyscêdic, a gyfansoddodd ei lyfr cywrain o rann yr
Orthographîa neu yr Iawnscrif, y llyfr goreu a wnaethpwyd
eirioed ynn y Gymráec (am gymeint a chymeint,) am hwnn
y soniais o'r blaen: ac ny ch gorflînaf ynawr oc ychwânec
o ymadrawdd o'i blegyt. Weithion gann ymchoelyd at
eyn rhacddywedêdic ymadrawdd, a chann allu bôd rhyw
betheu ynghamm, a rhyw betheu eraill yn ddigamm yma o
rann y Prydyddion; o'r achos hynny, nyd enwaf nêb o
honynt; rhac i rai o honynt gáel cywîlydd o'r goganwaith;
ac i'r lleill gymrud gormodd balchedd o'i cywreinrhwydd
a'i cynhildeb. Ac o'r ethryb hynny, gadel a wnaf bôb
pêth, a phôb Prydydd ac Awdur yn ddiênw, hyd pann
wrth ymgydiaw a chydymgynghôri o honynt yn ôl hynn,
drwy gymhorth a chanhorthwy Duw, y gallont ymmhôli

ac ymbyngcio a phôb mymryn o'r llyfr ; a gwedy hynny,
i gwpláu a'i berpheithio yn gystal ac y bô clôd fawr i r
Prydyddion a'r Awdurieit, pawb dann ei enw ihûn ; a
gogoniant mawr i'r Iaith ac i holl Genedl Cymry, y pryd yr
ail printier y llyfr yma, a llyfreu eraill ynn eu prydferthwch
a'i tegwch ddylyêdic iddynt. Ac am hynny, ynn y cyfrwng
hynn, pann gyfarfyddo y Darllennydd a rhyw Ddospartheu
ynn amrywio ac ynn amgênu oddiwrth yr Esampleu ;
neu ryw Sampleu ynn ymddieithro o rann gwiriônedd
oddiwrth y Dospartheu ; neu ynteu pôb vn o'r ddeubeth
arr gamm o rann y golwc cyntaf, na ryfêdded ef vn mymryn.
Canys ef a allei fôd rhyw feieu ynn y manneu hynny ; ac
ef a allei hefyd, na byddei yno nebryw fai, onyd ymddangos-
iad a lliw beieu yn vnic, ac heb ddim gwirfai. A lle y
dylyssech chwi y Prydyddion, er mwyn syberwyd a gleindid
tragwyddol y'ch Gwlâd, ac er mwyn moliant a chlôd
ichwi euchhûnain, wrth glywed o honoch sôn fy môd yn
gystal fy meddwl a'm cyngyd, ac emcânu o honof berwyl
morr lân ac morr ganmolâdwy, ac ewyllyssu o honof (er
imi brinháu o m gallu) ossod perpheithrwydd ac odidawg-
rwydd eych Hiaith chwi a'ch petheu i olwc holl Eurôpa
mywn Iaith gyphrêdin i bawb ; nyd yn vnic wneuthur
cyrch i ymgyfarfod a mi mywn rhyw nodedigion fanneu,
ac ymgeisio yn ddyfal a mi, a'm athrawu a'm addyscu ynn y
meint a wypech ; ac hyd y bewn inheu allûoc o ddéall i
fedru derbyn ych athrâwaeth chwitheu : onyd hefyd
cymryd o honawch bêth póen a llafur ychhûnain, i
yscrifennu cyfiawnion a pherpheithion Ddospartheu ar
bôb manneu a chymhâleu o Gelfyddyd Prydyddiaeth ;
gann ddodi perphaith Ddospartheu, ac Essampleu i bôb
rhyw Ddosparth ; ac oddyna danfon y cyfryw betheu
hynny oll yn yscrifennêdic attaf, yn ôl defod ac arfer pôb

Gwlâd o'r byd. Canys pann fô nêb ryw Awdur ynn
emcânu gossod rhyw waith neu lyfr i olwc y byd ; yna y
bydd pawb o'r a fô a dim syrth gantho (o'r fâth betheu ac y
bô yr Awdur hwnnw ynn meddylieid eu dangos) ynn
danfon pawb i gymhorth a'i athrâwaeth iddo, mal y bô pôb
pêth yn berphaith. Ac ynn y wêdd honn, y byssei y
petheu hynn hwynteu, nyd yn vnic yn ddigywîlydd eu
gweled gan bawb ; onyd hefyd hyfrydwch a llewênydd
mawr a fyssei gwybod fôd y fâth ddysc, a'r fâth Ddyscodron
ym mhlîth cenedl y Cymry. Hynn oll, îe a mwy no hynn,
a ddylyssech chwi y Prydyddion ei gwpláu ; pei byssei
ddim anian da, na chwaith syberwyd mywn rhai o honoch.
Eithr chwitheu yn wrthwyneb i hynn oll, a fûoch yn gyn
belled oddiwrth wneuthur gorchwyl mor ganmolâdwy a
hwnn ; ac y gorfu imi ddilyn rhai o honoch o fann pwy
gilydd, a gweithieu o Dafarn i gilydd ; ac yn herwydd fy
ngallu, gwneuthur mal y gwyr pôb vn o honoch o'r y bûm
ynn ymgeisio ac ef. Nyd enwaf nêb, ac nys gwradwyddaf.
Ac am hynny, nyd wyf ynn gwneuthur chwaith camm a
nêb o honoch, er darfod i chwi ynn hynn a adrôddais,
wneuthur llwyrgam yn erbyn ych Hiaith a'ch Gwladwyr.
A phêth sydd i mi yn fwy nog i chwitheu ymyrreth a'r
Rammâdec Cymraec, onyd bôd fy mryd a'm cyngyd yn
well tu ac at fy Ngwlâd, no'r eiddoch chwi. Bellach nyd
oes amgen help ichwi (ynn fy marn î, ac o's bydd da
gennych) onyd gwella o honoch ych hanian, a chymryd y
Llyfr hwnn attoch, a'i chwilio yn fanol, a'i lyfnháu lle y
mae yn drwscl ac yn arw ; a'i wirháu lle y mae yn
gelwyddoc ; a'i fyrháu lle y mae yn rhwy hîr ; a'i amlhau
lle y mae yn rhy brin ; ag o'r vngair, lle y mae mywn
vnmodd arall ddim ynddo ar gamm, ei iawnhau o honoch ;
môdd y gwyddoch ac y medroch yn dda afrîfed, o's y chwi

a'i mynn. A gwybyddwch yn ehofn, taw o's dim da a
digeu y sydd ynddo o barth Prydyddiaeth (megis y doydwyt
vchod) mae y chwi bîeu ; ac o'r parth arall, o's chwaith
ammherpheithrwydd yssydd mywn vnmann ynddô, mae
y chwi hefyd bîeu hynny. Ac am hynny rhennwch
rhyngoch, mal y bô da gannwch : canys ych Erthyl chwi
ydyw : ymegnîwch drwy ryw wrthieu y geisio bywyd
iddo. Eisoes gwnewch a fynnoch, a deled a ddelo. Myfî
om rhann fyhûnan, a hynny yn vnic er mwyn fy Ngwlâd
a'r Iaith Gymreic, ac nyd er elw o'r byd, ac ynn fy henaint a
wneuthum y pêth ny welwn nêb o honoch yn ymcânu ei
wneuthur. Gwnáed rhai o honoch, a pherpheithied
rhai o honoch ; neu ynteu chwychwî ynghyd gwnewch a
pherpheithiwch y maint a ddarfu i mî ddechreu ; neu
(o'r bydd gwell gannwch) gadewch yr eiddo fî yn llonydd
megis ag y mae, a mall yn oferbeth ; a dechymygwch
chwitheu betheu eraill, a threfneu a fônt gwell no'r meu fî.
Canys ny's gwneuthum i etto, onyd megys torri'r iâ, ac y
sawl a fynno, dilyned yn ehofn ; a'r sawl ny fynno, torred
yr iâ ihûn, ac aed rhagddo ynn enw Duw. Ac er maint o
glôd ac o anfeidrol barch, a gogoniant a roddais ichwi y
Prydyddion mywn rhyw fanneu o'r Llyfr yma, ynn yr
Iaith gyphrêdin, a hynny wrth ddieithreid ; rhaid a fû ag a
fydd imi ynn y llythr yma ac ynn gymráec yn vnic, ac
megis mywn rhîn a thann lenn gêl, ddywêdud wrthych
bêth o'r caswir ; ac nyd o gâs arnoch, onyd o fawr gariad a
serch parth ac attoch. Ac ynn wîr y mae mywn llawer o
honoch lawer o ardderchawc odidogrwydd, ac aneiryf o
rinwêddeu da, a pherpheithrwydd afrîfed ; pei mynnei
Duw roddi ichwi gyd a hynny ei ddawn a'i rât, i gymryd o
honoch feddwl i oddef pêth llafur a phóen, i wneuthur y
petheu da hynny yn gyphredin i bawb ; ac nyd eu cuddiaw

mywn daear, mal y gwâs drwc am y Talentau ynn yr
Efengil. Canys pôb pêth da, pwy gyphredînaf a fo,
goreu yw : a phôb pêth drwc, py gyphredînaf y bô,
gwaethaf y bydd. Bêth y sydd i mî a wnelwyf a'r petheu
hynn mwy noc i chwitheu ? Ynn wîr nyd i mî y perthyn
chwaith o hynn, onyd i chwî yn arbennic y perthyn hynn
oll. Ac am hynny, rhac llwyr gywîlydd ymgeisiwch a'r
deunydd hwnn, ac a'r holl betheu hynn ; ac onyd ef,
llosgwch eych llyfreu, ac ymwrthôdwch a'ch celfyddyd,
a'ch cywreindeb, a'ch cynhildeb, a chollwch y máes.

Ac wrthych chwitheu Genedl Gymry a'm Cyfwladwyr
y doydaf ; ac yn enwêdic wrthych y Pendefigion a Bonedigion Cymry, ych bôd (mal y tybygwn) yn ddiphygiol
aruthr o rann cwpláu ych dylŷedic rwym parth ac at eych
Hiaith a'ch Prydyddion, a'ch Gwlad ; yn amgênach môdd
nog y gnotáynt y Cenhedloedd eraill tu ac at eu Hiaith,
ae Gwlâd, ae Hawdurieid, ae syberwyd. Sêf môdd y
gwnáynt y Cenhedloedd hynny : Peri casclu a chynnull
ynghyd, ac yscrifennu, a phrintiaw, a chymhennu holl
oreuon Lyfreu yr Hystoriâwyr, a'r Prydyddion, a'r Rhetoryddion, a'r Dilechtyddion, a'r Cosmographyddion, a'r
Arithmeticyddion, a'r Astronomyddion, a'r Astrolygyddion,
a'r Philosophyddion ; ac aneiryf eraill Celfyddedigion
ardderchawc a fedrwn eu henwi. A hynn oll a gwpláynt,
drwy ddirfawr bóen a thraul anfeidrol : hyd nadd oes
heddiw vnpeth odîdawg, nag ynn perthyn at glôd a mawrbarch dragowydd y Cennedloedd hynny, na bô ynn
brintiêdic ac yn wascarêdic drwy yr holl fyd ; ac yn
barháadwy hyd tra barháont y Sêr ynn yr wybr. A pha
Genhedloedd (meddwch chwi) a wnáent y cyfryw betheu
ardderchawc hynny ? Y Cenhedloedd arbennicaf o'r byd,
sêf yr Arabieit, y Groecieit, y Lladinieit ; ac yn eu hôl

hwynteu yr Italieit, yr Hyspanieit, y Phrancot, yr Aleman-
nieit, y Saeson, y Scotieit; ac eraill Genhedloedd yn rhy
hîr eu cyrbwyll ae hadrodd. Ieu a'r hyn sydd ddieithrach
(agatfydd) i rai o honoch no hynn oll, sêf bôd Cenhedloedd
y sydd o'r wyneb arall i'r ddaear honn, ac ae preswylfod
oddi danom, ac yn wrthdroedieit ini, a llawêroedd o
Deyrnâsoedd ganthynt, sef y Chinonieit, wedy gwneuthur
y cyfryw gôf tragwyddol (a hynny mywn Print) oe gweith-
rêdoedd ardderchawc, a chynn nog vn o'r Gwledydd a'r
Ieithoedd vchod, o's gwir a ddywêdant rhai o'r Hystoriâ-
wyr. A phaham na's gallant Pendefigion a Boneddigion
Cymry hwynteu hefyd, beri casclu ynghyd, a phrintiaw eu
petheu odidoccaf hwytheu; ac ymhlîth eraill betheu
ardderchawc, peri printio goreuon Lyfreu y Prifeirdd, er
mwyn cadw côf o'r hên addysc, a'r hên gynnildeb, ac o
lawer o betheu anhepcor heb law hynny: a pheri
gwneuthur a chwpláu yr unrhyw helynt a chyngyd am
Lyfreu y Posfeirdd, er mwyn canfod cynhildeb, ac addysc,
a phrydferthwch y Prydyddion newydd, ynn sôn ac ynn
dwyn côf am foliant a gweithrêdoedd ardderchawc
Pendefigion a Boneddigion Gwlâd Gymru; heb law
bagad o betheu eraill gwiw sôn a meddylieid am danynt.
Ac yn hyttraf oll, peri casclu hefyd a phrintiaw Llyfreu ac
odidogion Gerddeu yr Arwyddfeirdd, er mwyn
tragwyddôli o honynt wirgof am foliant, a gogoniant, a
gwîr arfeu ac arwyddon, a gwîr acheu, ac etifeddiaetheu,
a chyfiawnder Trefitâdeu y Pendefigion a Boneddigion y
wlâd. Vn swllt o bwrs pôb vn o honom tu ac at bapr a
phrint, a lanwei y wlâd o'r fâth Lyfreu odîdawc ac ynt y
rhai hynn; hyd yn y beym nî ynn gallu yn wastad fod ynn
ymhôphi ac ynn ymddyfyrru ynn eyn Hiaith a'n petheu
cymreic; yn gystal a'r Saeson, a Chenhedloedd eraill

ynn eu Llyfreu ae petheu hwynteu. Canys (ynn fy marn î)
ydd ym nî y Cymry yn gystal yn goreuder a'r hai goreu
(o vn Genedl) o'r ysydd ynn y byd, hyd tra fom ni yn dda
eyn cynheddfau. A gwell, a syberwach (ym marn pôb
dyn) a thragwyddôlach a fyddei hynn, no threulo arian
mywn Tafarneu arr loddest a diôdach; yr hain betheu
a ymadâwant a'r corph (agatfydd) cynn yspeit pedeirawr
arr hugeint; ynn y lle y parháont y petheu eraill yn
dragwyddol, er llesiant i enait a chorph. Ac eisoes y mae
yn rhaid gwneuthur mawr wahan rhwng Prydydd a
Phrydydd, a rhwng Awdur ac Awdur : Canys ny's haeddei
y sawl a ddyweto celwydd ynn ei Gerdd neu ynn ei Lyfr,
neu a chwareuo y gwenieithwr, neu a ymarfêro o sathrêdic
ddechymyc, ac o ammherphaith Gerddwriaeth; y parch
a'r mawrháad a weddei ac a berthynei i Brydydd da cywrain
a ddyweto wîr ynn ei Gerdd; îeu a gweithieu y caswir
mywn môdd gweddus dianfoesgar a diwartháus : a hynny
oll mywn perphaith Gerddwriaeth. Gwann ac ofer ac
anhymêrus yw meddylieu yr sawl ny bônt or ansawdd
hynn : a gwannach, a llygrediccach, a gwrthwynêbach
meddylieu, cyngydieu, ac amcâneu rhyw fâth ar Brydyddion
a dremygynt y gwîr, ac a geisiynt yn vnic fyned i ymadâra
am fodlôni y cyphrêdin : dann chwennych cáel eu clodfôri
gan y bobl am eu Gwanngerdd. Gwenndid hefyd, ac
ysgawnder, ac ofêredd meddwl aniânol, a pholîneb afrîfed
mywn pobl hwynteu, yw nadd ymgeisiant â dim o'r byd
mywn Cerddwriaeth, yn gymeint ac â digrîfwch a thegwch
yr ymadroddion; gann abergôfi o gwbl, a distriwiaw y
gwirionedd; yr honn a ddylyid yn gyntaf ac yn bennaf
oll feddylieid am danei. Cann nyt gweddus nag i'r
Prydydd ddywedud gweniaith, nag ymarfer o phûc ynn ei
Gerdd; nag i'r Pendêfig yntef adel ei wenheithio, a

dywêdud celwydd arno; wrth honni a thaeru arno ef neu
arr ei Riêni, wneuthur o honynt y petheu ny's gwnaethynt
eriôed, ac ny's meddyliynt; megys llâdd milioedd o wyr
mywn rhyfel, neu fwrw cestyll i'r llawr o filwriaeth; neu
ryw fawr wrhydri arall honnêdic arnynt; a'r gwyr hwynteu
yna ynn eu gwelyeu ynn cysgu yn ddiofal, heb ddim ryw
fâth feddwl nac amcan ganthynt; onyd bôd yn ddigon
diddrwg, megis y gweddei i wyr heddychon. Gwell a
fyddei i'r fâth ryw Brydydd a hwnnw (o's medrei) geisio
gwneuthur, mal y ceisiwn inheu neu arall (pei gallem)
wneuthur; sêf yw hynny, ceisiaw vrddo Iaith y Cymry,
a'e Cenedl; gann ddangos mywn môdd gweddus, deilyng-
dawt a phrydferthwch, ac ardderchawgrwydd y Cymry;
a hynny nyd yn vnic i'r Cymry euhûnain, na charbronn
nag ynn eu plîth e'hûnain; onyd hefyd i'r Saeson, ac i
dramoredigion Genhedloedd; yr hain ny's clywsant
eriôed ddim sôn na chyrbwyll nag am Gymry nag am eu
Cenehedlaetheu, na chwaith am eu ardderchogion weith-
rêdoedd gynt. Ac am hynny, enrhyfêddod mawr gennyf
adu o'r Pendefigion eu twyllo ae gwatwâru yngwydd eu
llygaid euhûnain, gann y fâth gelwyddoc a digwilyddus
ddyniônach. Canys ny ddylyei vndyn o'r byd nag ymroi
nag ymsêfyll wrth farn vndyn arall (pwybynnac a fei
hwnnw) yn gymeint (ag o's damhweiniei i ryw wenieithwr
ei alw fo yn wr da neu yn wr dewr) na bô iddo ynteu
'ihûn gaphael rhyddid o'i farn 'ihûn am dano 'ihûnan, o
fláen barn vndyn arall; bêth yw ai bôd hynny oll yn wîr
a ddywespwyt am dano, ai ynteu yn phûc. Eithr tu ac
at am y Prydydd da a chywrain, iawn yn wîr iddo gáel ei
ddylyêdic glôd a'i haeddêdic dragwyddol barch am ei
Gynhilgerdd a'i Gywreingerdd, a iawn hefyd dodi mawr
wahaniaeth rhwng ei Gerdd ef, a Cherdd anghywrain a
wnelo Prvdydd anghynnil.

Ac vnpeth ymmhlîth llawer o betheu y sydd ynn difwyno
Cerdd ac ynn ei hanurddo; a hynny yw, pann ddam-
chweinio, naill ai er mwyn enull yn rhy ebrwydd ryw
ofer a gwâc ganmoliaeth; neu ynteu er mwyn derbynneid
rhyw anhymêrus gêd ddisyrth ddifwyn; adu o'r Prydydd
i'r Gerdd (cynn agôri y drysseu) ruthro allan drwy'r
phenestri, heb ddim ymâros nag wrth fyfyrdawt, na phôen
na llafur i gwpláu chwaith cymhendod na llûn arr y Gerdd;
îeu, na chwaith golygu arnei; onyd gann ryw ammhryd-
ferth ruthr, ei hyrddu allan i olwc y byd yn ammherphaith
ac yn drwscl ddigon, arr eulun esgor ar Erthyl; neu ar
wêdd Geist, yr hain wrth ormodd phrystio i fwrw eu
cenâwon, ae bwriant weithieu yn ddeillion.

Ac o m rhann inheu fyhûnan wrthych oll yr achwynaf,
na chefais nemor o gyflawn na thymhêrus adec nac amser,
na chwaith esmwythder na seibiant o'r byd, i allu cwpláu
a pherpheithio y Llyfran yma, yn hanner cystal ac yr oedd
fy ewyllys ac y gallyswn pei llonyddwch a gathoeddwn
gann elynion eyn Hiaith nî, a burgynnieit o ddyniônach
dieithr goglêddic (sef yw hynny camweddawc anfeidrawl)
diddysc diddawn, ac (ym marn pôb dyn da) o'r gwaethaf
ac ansyberwaf o'r a aned eiriôed o grôth gwraic: yr
hain ny wyddant ddim onyd bôd yn aflônydd; yn nghyd â
bagad o sorod o boblach eraill sothachlyd a dihîraf o'r a
allo bôd, ynn cyd-ddwyn â'r hai hynn; ac nyd er cariad
a serch arnynt, onyd er drwc i eraill, a fernynt megis yn
elynion. On'd goreu pêth ddarfod i'r Duw mawr roddi
byrrgyrn i'r fuwch ddifiawc, hyd yny laddant drwc ewyllys
a chenfîgen eu perchennogion.

Ac er imi allu o gyfiawnder, îeu ac o bêth haeddiad arr
fy Ngwlâd, arddelw y mann cyphrêdin a fynnwn ynddi i
drigiaw, a mawr groeso im ynn y lle y delwn am ddyfod:

eisoes myfî (ac nid amgen nog o ewyllys da parth ac at y
Wlâd) a ddewisais fy mhreswylfod yn Swydd Frycheinawc ;
a hynny nyd yn vnic o achaws fy môd fyhûn yn Gymro ;
onyd hefyd (o's fi a gaphwyf farnu) o ethryb fy môd yn
tybieid ynn fy nghallon, nad oedd vnwlad ynn Nghymru
o rann Pendefigion, a Bonheddigion, a Chyphrêdin, well ei
phobl, lanach eu cynheddfeu, syberwach eu moeseu, na
hawddach cáel cymwynas ddâ ganthynt, ym mhôb môdd
y ceisiyd na gleindid, na hawddgârwch, na chymwynas,
na syberwyd, na dim dâ arall mywn vndyn ; no phobl
Wlâd Frycheinioc. Ac felly yn ddiamheu y byddynt y
bobl yn wastad, ony bei fôd yn rhwystr iddynt ac ynn eu
plîth arr brydieu, ryw fâth ansyber o Ddyniônos Drewlyd,
dwfn eu ceudawd o pholîneb afrîfed, a brwnt eu hanian
ae naws, gann dyb (malpei) ynn eu meddylieu e'hûnain
bôd yn dradoeth ac yn geiliôgod o'r fuddugoliaeth :
byddynt (meddaf) y bobl hynn yn oreu dynion o'r byd,
ony bei fôd y rhyw fâth hynn ynn eu plîth, ac ynn eu
difwyno yn llwyr, ac ynn eu dinaturio. Ac ony bei hefyd,
fôd y fâth gnotaêdic gyrchfáeu o ryw firginiaidd Furiáeu o
ddrewlyd a chóec gynhennus a sothachlyd frynteion o
ddieithreit rhy anhygar, ynn dyfod arr ddybryd amsêreu
ynn eu plîth hefyd, ac ynn eu hanurddo, ac ynn bwrw y
fâth gythreulic essampleu o bôb rhyw fawr ddrygiôni a
chamwêddeu o gynhenn ynn eu mysc, hyd na's gallant fôd
yn ddâ, er iddynt fynnu bôd yn dda.

Eithr pei gwypynt yn llwyr, a phei cenfyddynt yn iawn
gwyr Brycheinawc, pa ddaiôni, ac elw odîdawc a ddawei
iddynt o heddwch a llonyddwch ; ny oddêfynt byth y
fâth ddieithr Gyrwydraid Budrchwîlod i breswyl ynn eu
plîth ; onyd eu hela ymmaith o'r Wlâd a wnéynt â
phrowylleu, ac â sursoec, ag â wyeu pydron, yn gynt noc

y goddêfent eu llygru ganthynt. A hawdd yw canfod, fôd
yr heddwch a'r llonyddwch yn achosiol o bôb daeôni o'r a
allo bôd ym mysc dynion. Canys heddwch yw y Cyfarwydd
a'r Llywiawdr, y sydd yn cadarnháu pôb glân gyfeillach;
ac hebddei ny's gall fôd nêb ryw gydfasnach ym mhlîth
pobl y byd, na dim cyfrannu meddylieu : ac o'r diwedd
ny byddei bywyd dyn onyd mywn caethîwed i fyrdd o
flindêron, a diphygion anfeidrol; yr hain oll drwy gan-
horthwy y lân a'r rhinwêddawl gedymdeithias a chyfeillach
yn vnic, a ellir eu gochel. Yr heddwch, a'r cytundeb y
sydd ynn peri pôb elwaidd drapherth, a chyfnêwid rhwng
teyrnas a theyrnas, rhwng pobloedd a phobloedd; ac y
sydd ynn agor y pyrth i bôb Cariad perphaith ac ewyllys da :
a hynn hefyd y sy dresor digyphêlyb a mawrwerthiawc;
ac heb yr hynn, nyd yw dyn onyd rheidus aflâwen a
cherdottydd. Ac o'r ethryb hynn y bernir dynion yn
annedwydd, ae buchedd yn llawn aflwydd, yr hain ny
bô ganthynt vndyn yn Annwyliad diôgel iddynt, îeu er
maint a fô ganthynt o olud a mwnws y byd. Canys y gwîr
Annwyliaid mywn adfyd a blinder, ynt gedernid afrîfed
yn erbyn y tenghedfenneu drwc; ac mywn gwynnfyd
yn ogoniant ac yn eglurder a syberwyd mawr i bawb o'r
a garant. A'r anghytundeb a'r anhêddwch bêth a wnâ
hitheu, onyd gyrru pawb benbenrr, i ymleassu a e gilydd,
ac i waethu pawb arr eu gilydd; a hynny o rann cymhell
pawb eu gilydd weithieu i fôd yn anghenogion yn ôl
treilo yr cwbl : weithieu i adu Gwlâd, a myned arr encil
rhag ofn gelyn neu gyfraith; weithieu i garchar a chaeth-
îwed, ac weithieu i angeu dybryd. A hynn (gwae nynî ei
fôd) y sydd yn rhy aml i'n plîth nî y Cymry, ac ynn drygu
yn rhy dôst arnam. Canys nynî a'n drycanian yn anad
neb, sydd ynn rhoi peunyddiol gynhaliaeth i Lys Cynghor

Cyphinyddion Cymry : ac ony bei ni a'n llîd a'n cynhen
tu ac at eu gilydd o amser pwy gilydd, ef a allei llawer
gwr ynn byw wrth gyfreith, fyned i gylôra ; ac o's mynnei
i fwyâra, yn lle ei gyfreithwra.

Ac (agatfydd hefyd heb law hynn i gyd o ddrwc ddam-
wain) ef a allei y cyferfydd y Llyfr yma arr brydieu â rhyw
fâth o ddyniônach anneallus ; yr hain ny cheisiant well
swydd, nog ymroi i chwilio am y bai yma a'r bai accw,
arr hyd corph y Llyfr yma ; arr eulun dynion a féynt ynn
chwilcenna am lau arr ddillad marchoc vrddol : a hynn oll
a wnéynt nyd o chwant dyscu chwaith llês allan o'r Llyfr
yma, nag iddynt euhûn nag i ereill ; onyd yn vnic (ynn
eu meddwl euhûnain) er ·mwyn cáel eu barnu mor
ddyscêdic yn ngolwc y byd, a bod o honynt hwy (malpei)
yn wyr cymeint eu dysc a'e cyfarwyddyd, a medru canfod
beieu mywn Llyfreu gwyr ereill, cytbóet na's medrant
wellháu yr vn o'r beieu lleiaf, pei medrynt ganfod eu bôd
yn feieu. Oh chwychwî Benhyrddot, pwybynnac ydych,
a'r dihîraf a'r lleiaf eych hystyr o'ch holl genedl ; ony
wyddoch chwi nadd oes vnpeth o'r byd a ddelo oddiwrth
ddyn, na bô beius ac ammherphaith, er daied y gwneler ; a
doydyd o Selyf Ddóeth, nadd oes on'd ofêredd (îe a llwyr
ofêredd) ac ammherpheithrwydd o ddim o'r y sydd dann y
Phyrfâfen. Ac am hynny, chwychwî y fath ddynion di ystyr-
iaeth a di synwyr, a gwaethaf eych anian o holl blant eych tât,
na cheisiwch fôd yn Fablu, cynn gallu bôd yn Lleucu ; sef yw
hynny, ceisio bôd yn berphaith ym mhôb pêth, cynn
gallu bôd yn berphaith mywn vnpeth ; ac na cheisiwch
ormodd beio arr eyn Llyfr nî, hyd yny weloch bôb Llyfr
arall yn ddifai ; a'ch hûnain hefyd yn ddifai, ac yn gyflawn
o ddéall, ac hyd yny wypoch wneuthur gwîr wahaniaeth
rhwng petheu beius a phetheu difeius ; ac yna beiwch yny

flinoch. A phêth a ddywêdwch chwi'r pholieid ; agatfydd chwî ddywêdwch fôd y Llyfr yma yn rhwy hîr ; meddaf finheu, y mae ef morr rwy hir, ac nadd oes ynddo hanner a ddylyei bôd ynddo. Gwell (meddwch chwi) y gweddei i'r Llyfr yma fôd yn Saesnec nog yn Gymraec, i ddyscu Cymráec ; felly y bydd, pann er mwyn Saeson yn vnic y gwneler. Gwell (medd ereill o honoch) a fyssei i'r Llyfr fôd yn Gymráec igyd, nog yn Gymraec ac yn Lladin : felly hefyd y bydd, pryd er mwyn Cymru yn vnic y gwneler. Ac (yscatfydd) chwychwî a ddywêdwch phy phy dyma air yn nghamm, a dyna arall yn nghamm, ac ny bydd gennwch onyd ymgyfarfod â'r camm, a neidio o gamm i gamm : minheu (ony bydd gennwch swydd a fô gwell) a gynghôrwn ywch ynn eych vnswydd, fynet yn ddiarchen (sef yn esgeirnoeth droednoeth er mwyn dwyn eych penyd) hyd ynNghaer Lûdd ; ac yno a'ch cappieu yn eych dwylo, deisyf o honoch arr y Printyddion wella peth arr eu dwylo, pryd y printiont ddim cymráec o hynn i máes.

A mwyaf parth o'r Llyfr yma a fyfyriwyd ac a feddyliwyd yn gyntaf ynn Nhy y Pendêfic M. Morgan Merêdydd o ymyl y Bugeildy ynn Nyphryn Tafîda o fywn Swydd Faesyfed : ynn y lle lawer gwaith y bû fawr fy nghroeso, a'm hansawdd o fwyt a llynn gann y gwrda a'r wreicdda. Eithr diweddbarth y Llyfr hynn, a fyfyriwyd dann berthi a dail gleision mywn gronyn o Fangre i mî fyhûnan a elwir y Clûn Hir, ym mláen Cwmm y Llwch, a than Odreuon Mynydd Bannwchdêni. Rhai a eilw y Mynydd hynn Bann Arthur eraill Móel Arthur. Dann grîb y Fóel honn, ac ynn ei harphet, y mae Llynn digon i feint, ac yn afrîfed ei ddyfnder, ac yn rhyfedd ei ansawdd ; o ethryb (mal y cerddant chwedlau) ny welspwyt eirióet edêryn o'r byd ynn cyrchu nac iddo, nac atto, nac ynn nofiaw arno ; onyd yn holloll ynn ymwrthod ac êfo : a rhai a ddywêdant, na's

gnotáynt nag anifeilieid na milod o vnrhyw, yfed ddim
dwfr o hono. A lawer o enryfeddôdeu eraill, (ac o rann
canfod arr brydieu betheu dieithr dros benn yn nghylch y
Llwch yma) a ydys ynn eu hadrodd gann gyphrêdin y
Wlâd honno ; ac yn enwêdic gann y sawl a arfêrynt o
ymgyrchu i'r Moelydd a'r Banneu hynny er mwyn bugeila.
A'r Llynn neu'r Llwch hynn, a elwir Llynn Cwmm y
Llwch. Eithr ymchwêlwn bellach i adrodd ichwi, taw
ym mha le bynnac y dechreuwyd, nac y cenôlwyd, nac y
diwêddwyd y Llyfr yma ; nag ym mha fann bynnac y
myfyriwyd vn dim arno, i chwî, ac er eych mwyn chwî y
gwnaethpwyt hynn oll. Ac o'r ethryb hynny, odd oes
dim ynddo a fô tebyc i wneuthur dim llês nag i'r Iaith,
nag i chwitheu y Pendefigion a Bonheddigion Gwlâd
Gymry, y mae yn ddâ iawn gann fy nghalon : onyd êf,
gadâwer heibio mal diphrwythbeth, a dechymyger ryw
bêth arall a fô gwell nog ef, a charer fi (o's mynner) am fy
ewyllys da, er imi o ddamchwain fôd (a hynny o eisieu gallu)
yn ddyphygiol (scatfydd) o barth perpheithio fy ngorchwyl.
A hynn a ddywêdaf wrthych cynn ymâdo o honof â chwi,
na wnaethpwyt ermóed ddim ynn y byd yma yn gyn
gystadled, nac yn gyn berpheithied na's gallei ryw ddyn
cynfigennus, a drwc ei ewyllys, o'i ddrwc dafawt, gymryt
arno anurddo y peth da hynny â'i eirieu dûon marwaraidd,
o damwheiniei iddo arr adêgeu ymgyfarfod ac vndyn arall
anneallus a fwriei ei góel arno, ac a gredei i'r pêth a
ddywettei. Weithion rhac tra gormodd blino arnoch,
yma y cymhêraf fy nghennad ganwch, gann ddeisyf ynn
fy ngweddi rhât y Tâd, a'r Mâb, a'r Yspryt Glân i'ch
plîth oll yn wastad. Amen.

O'r Clûn Hir y chweched dydd o fîs Tachwedd,
oedran eyn Harglwydd Iesu Grist, mil a phymcant
a deuddec a phedwar vgeint.

Yr eiddoch oll, ac yn holl yr eiddoch, I. D. R.

VIII. WILLIAM MIDLETON

Barddoniaeth, neu brydyddiaeth,
y llyfr kyntaf : trwy fyfyrdawd
Capten William Midleton

1593

Annerch at bob athrylithfawr awenyddgar gymro
ygan Wiliam Midleton.

Gann ddarfod i Ddoctor Sion Dauydd gymeryd kymaint
o boen, a thrafael yn gweithio gorchwyl mor odidawg,
ag yw i ddwned lladin ef, i ddysgu yr iaith gymraeg : a
chida hynny rhoi allan mwy o reolau a samplau nag sydd
gann vn prydydd ynghymry, or hen ganiad a r dull newydd:
a chan ddwedyd o Jul. Cæsar y byddai y Drudion gynt
vgain mlynedd yn dysgû y gelfyddyd honno : Dir i minnau,
os medraf, ddysgu im Kydwladwyr y Fordd nesaf i ganu
kerdd dafawd.   Am hynn o mynni y kymro darllain hynn
o beth ; sef y rhann gyntaf o brydyddiaeth.   Yr honn yn
vnig sydd yn dysgu yt gymhariadau, odlau, kynghaneddion
a r mesurau.   Nid rhaid erchi i neb a synhwyr yn i benn
ganu yn synhwyrol.   Ag os kaisi ddysgu kanu kerdd
dafawd yn benkerddiaidd, rhaid yt fedru kymraeg ddiled-
iaith, ymoralw ar athrawon, darllain ag ysgrifennu llawer
o r hengerdd a r newydd yrhain a ddeuelli yn y dwned a
henwais.   Ygatfydd ti ofynni pa achos y newidiais yr hen
ordr a r method, ag enwae rhai o r mesurau ag y gwneuthym
reolau newydd drwy'r llyfr, ag y gadewais y beieu kyffredin
heb son am danynt : ti a gai glywed os gyrri ataf fy atteb
dros oll a weithieis ar gam.   Bydd wych.

Die kalan i th galennig Duw a th gatwo.

1593.

IX. HENRI PERRI

*Egluryn Phraethineb. Sef Dosparth ar Retoreg,
un o'r saith gelfyddyd . . .*

1595

Cymbro diledryw ynerchi annerch at ei anwyl a'i
ddirgar frodur y Boneddigion, Periglorion a'r
Prydyddion o'r genetl Gymbrou.

Py bei cyn howsed (f'vrddasawl a'm anwyl wladwyr)
ddwyn peth i berpheithrwydd ac ydyw gan laweroedd feio
ar y peth a ddarluniwyd yn ddiarab, er lles a llwyddiant :
ni bysse cymeint mor rusaidd, na chynifer mor anllyfasus i
gychwyn dechreuad ; neu 'n hytrach i amcanu, a bwriadu
gwneuthud y peth yr hwn nis gadawei anniolchgarwch
dynion ei ddwyn i benn.   Eithr gan fod hynn yn wybodedic
i'rhei cyd wybodus ; yn hyfaml i'r dyscedic ; ac yn honneit
i'r neb ai ystyrrio yn ddyledus ; nas darfu geni nebun iddo
ei hun, namyn yn hytrach i w wlad, i w fro, i w genetl,
i w rieni, a'i garedigion (pe rhon a gwrthod o honynt ei
gelw) mi amcenais yn gyngydaidd, ac a ryfygais yn ehawn
(poet anfethlic fo'r arfaeth) gida' chennad, a nawdd pob
hyryw Gymro dyscedig (cyd y gellassei eraill yn well)
dorri'r rhus, a rhoddi i lawr ddosparthiad ar vn o'r saith
gelfyddyd a elwir Rhetoreg, hon sy vn o lawforwynnion
gwir ddoethineb, hon sy arglwyddes a rheoledicferch ar
weithredoedd oll wyr y byd.   Ac o daw arnochi ofyn i mi
beth yw'r ddoethineb fireinwawr honn ? Bid diau iwch
mai gwybodaeth o Dduw a dyn trwy gyfrwyddo yn hydda
pob rhyw amsodd gweithredoedd at ei dyben priodawl.
A chan i ni wybod, mai'r ddoethineb honn yw amcan

bwriadus, a meddwl hylawch pob dyn athrowgar anchwith
yn y byd hwnn; na esceulusswn ninnau neb ryw
vn o'r cyfryngau sydd i'n arweddu, ac in tywys atti.
Drwy gymmorth anhyludd y gelfyddyd ymma mae doeth-
ineb yn ymddangos yn ei glendid; yn dyscleirio yn ei
splennydd oleuni; yn honni ei difethl fowredd; yn
datcan ei nerth anhyfing; ac fegys phynnon ammhallnant,
yn tywallt nwydau'r gallon; neu yntau fegys steren yn
argan pob dirgelwch i'n gwneuthud yn gydnabyddus. Ac
am nad oes i wybodaeth dynawl ond dau ran arbennic;
sef yn gyntaf gohanred rhwng ynaill beth a'r llall, yn
nessa ymadrodd phraeth, addurnawl: Rhaid ywch wybod
mae o'r gyntaf y tyfodd y gelfyddyd a elwir Amresymmeg
ac mai o'r ail y tarddodd ac y blagurodd Phraethineb. Y
gyntaf i addyscu'n hywir, i athrawu'n hyddoeth, i 'mrys-
symmu'n anhysom. Yr ail i amliwio ymadrodd yn ferthus,
i amrywioli araith yn hyfygr; i ddodrefnu ymddiddanion
mwynfoes a phob rhyw wychder cymeredic. Gann hynny
o fedru dosbennu anian pob peth (y gan mwyaf;) o feddru
terfynu naturiolaeth pethau elfennol yn adrybeddus; o
fedru gohanredu'n ddidolaidd; o fedru dosrannu'n
gywreint; a barnu'n hyfrawd: y gwybyddir fod dyn yn
greadur rhesymmawl. O fedru mddiddan yn araithiawl,
sharad yn barablddoeth, ymchwedleua'n foddhaus; o
ddigorni delfrydau yr enaid; o ddiblygu meddylliau'r
gallon ar eiriau gweddol, hygoel, hyfedr, a hyfryd; yr
adnebyddir fod dyn yn greadur cyfeilladwy. Herwydd
hynny er mwyn gallu o ddyn adrodd yn drefnus ei amcanion,
a'i wyllysfryd, vrddo naturiaeth a oruc y gelfyddyd honn;
gan roddi i ni athryllith alluog i fedru gosod, a synnwyr i
gymharu geiriau rhwydd a brawddegau rhagorawl, i
gymmynu, ac i adeilad y gelfyddyd hon, i w harfer yn

ddirlon, a'i notay yn anghenrhaid er lleswedd cydieith-
yddion, ac er mawl i dduw byw. Ar hynny, mal y mae
Amresymmeg yn rhwyddo vn i 'mrysymmu ac i wneuthur
gwahan rhwng gwirionedd a chelwydd; nid mywn vn
gelfyddyd: eithr ym mhob gwybodaeth, a chywrein-
rwydd: Yr vn sut y mae phraethineb yn dyscu phraethebu,
ac araitho yn hyodl mywn Duwindeb, meddiginiaeth,
cyfreithwriaeth, milwriaeth, ac ym mhob cytro ym mhlith
dynion. Canys pwy a ddichyn ddeall yr scruthur lan, honn
yw ymborth yr enaid, heb wybodaeth o'r gelfyddyd yma?
Pwy a fedr ddeall scrifennyddion tirionddysc, neu storiawyr
hydalm, heb gydnabod a throellau ymadrodd? Pwy a
gymmer arno chwilio'n lwyddiannus yr Arabieit, a'r
Grywieit physygwyr, heb y gannwyll ymma yn gynrithawl
o'i blaen? Pwy vn sy'n deall yr iaith sathredic werinawg
(nim dawr pa vn yn yr oll fyd) heb gymmorth y gelfyddyd
hon? Diau nebun. Nid vn iaith sy'n gnotay, ac yn
benthyccio echwynborth gan honn: anid pob iaith (mal y
dychweinia) sy'n eiriol arni am addfwyndeb, rhac trwscl
annhrefn, ac ammorth. Yn Hebraec fo ddywedir *Hal
iadh ieor*, gar llaw'r afon. Nid oes law i afon o's dywedwnn
yn briodawl; ac o achos hynny troell ymadrodd yw. Yꞃ
Galdaeg *Den ceiaimi di titrwn ben memri wbbenechon.*
Dymma'r cyfammod hwnn a gedwch rhwngofi a chwithau.
Nid enwaediad oedd yr ammod (o blegyd ammod sydd
addewid rhwng dwyblaid) anid arwydd y cyfammod;
ac er hynny gwir yw'r frawddeg herwydd troell ymadrodd.
Yn Siraec, *Hal beth hamaihu*: Ar dy ei llygaid: dyna'r
modd y galwant hwy'r talcen ar droell ymadrodd. Yn
Roaec *Neura tes hegemonias ta chremata*: arian bath yw
giau'r dwysogaeth. Nid arian yw giau; eithr, troell
ymadrodd yw. Yn Arabaec, *Veiahhtarephu cul lishani.*

Ag addefed pob tafod : sef pob dyn. Yn Lladinaec, *Pallida mors* glas angeu. Nid angeu sy las ; eithr y dyn a las : ac er hynny mae'n wiriaith synwyr ymadrodd. Yn Phrangaec *Nul n'est tres-mechant tout a coup, ains par degres, et peu a peu*, nid ar vn dyrnod (sef ar vnwaith) y dychwel dyn yn waetha : eithr mesur ychydig ac ychydig. Yn Italaec *Tutte le arme del venetia no armerion le paura*, ni ddichyn holl arfae Gwenethia arfogaethu ofn, sef y rhei ofnus. Yn Hispanaec, *Cuentas de beato y vnas de Garanato*, Padreuau gwyr duwiol, a chrafangau cigwennol. A'r vn phunyd mywn ieithoedd eraill. Herwydd paham chwi welwch mor angenraid yw dyscu a medru'r gelfyddyd yma, i ddeall eraill ; i adroddi yn ddeallus ; ac i 'mwrthod a phob ymadrodd anhyodl, symyl, wrth ymarfer ar troellau, a'r phygurau ; y rhei fal ser, neu fain gwerthfawr a wnant agwedd pob ymadrodd yn ddisclair. Ac o blegyd hynny y dywedau Pyrr frenin ardderchawg, a milwr gorchestol, ynnill o hono mwy o dyrnasoedd drwy hyodlrwydd, a phraethineb Cineas ; nag a ennillassei a'i fyddinoedd ciwdawdol. Yn ddiau, mywn rhyfel ac erlid, nid oes dim mor ddiddanus i'r milwyr, a'r ciwdawdwyr, a derchafu ymadrodd i gymmell ofn i ddarostwng. Myfi a eglureis bob troell ymadrodd, a phygr ar engraphoedd or scruthur lan er mwyn cyfeithrin gwir grefyf gristnogawl ; ag o'r prydyddion a'r beirdd Cymreig, er mawl barddoniaeth awenyddawl. Yr hynn boen a gymerais ar ddamuniad y pendefig vrddasol, Ioan Salusburi aer Lleweni, i'r hwnn yddwyd ti iaith gymraec yn rhwymedig i w garu, a'i fawrhau'n gyfaddas, am ei ofalwch am danat, a'i ddiphuantrwydd tuagattat. Y ddyweddu, chwchwi foneddigion Periglorion, vchelwyr Prydyddion, ac eraill, adolwyn yddwyf er mwyn cofadwriaeth henafieit, er mwyn

pwylledd gwybodaeth er mwyn mawl eich rhieni, er
mwyn ceidwad gwroliaeth, er mwyn braint y Brytannieit,
er mwyn diorsedd anwybyddiaeth, er gwarth i'r gelynnion,
ac er mwyn Duw; cannorthwywch jaith y Cymbru,
trwssiwch a diwellwch, yngystal drwy i chwi obrwyo gwyr
dyscedic, i w chasclu'n llwyr rhac dileith anialawg; ei
chynnal yn lew, drwy ofal anhepwedd; a'i harddu'n
foliannus a phob cyfrwyddyd gorfufiawc. Ac hefyd
drwy i chwi (foneddion) scrifennu ynddi y naill at y llall.
Canys o ddiphyc hynny yr ydych (gan mwyaf) mor
anwybodus ynddi, a hithau mor anhyfedr i chwi; mal
na's gellwchi ei chlodfori'n iawn, na hithau chwaith nemor
o wasanaeth i chwi. O's hynny a wnewch gobeithia y
dehellwch mor ddir ichwi gyfadnabod a'r llyfryn yma,
tuagat gaphael gwir phraethineb. Honn a'ch diddana
mywn adfyd, a ch addurna mywn gwynfyd, yn iengtid sy
hyfawl, yn henaint sy foddgar, ar drangc sy hyglod, yn
rhyfel sy fuddigoliaethus, yn hedd sy lywodraethus, yn y
lan eglwys sy nerthawg, yn y llys sy orfyddawc, ym mhob
cyflwr sy fuddiawc yn dwyn lles i laweroedd; heb
waethygu na drygu ar nebvn. Duw a'ch rhwyddo oll i
fod yn Gristianogion diball, yn danlwyddiet phyddlon, yn
frodur anescor; yn foneddigion hylyw; yn beriglorion
hydraeth, yn brydyddion diweniaith, yn Gymru
Cymreigaidd. A hen phych ywch yn y byd yma; ac yn
yr vchelnef, llawenydd didrangc a'ch gorddiweddo.

                    Poet felly bo.
            Yr eiddoch oll i'w orchymmyn yn yr
                        Arglwydd Dduw :
                            HEN. PERRI.

X. MAURICE KYFFIN

Deffynniad Ffydd Eglwys Loegr:
Lle Y Ceir Gweled, a Gwybod, Dosparth Gwir
Grefydd Crist, ag Anghywirdeb Crefydd Eglwys
Rufain:

1595

Annerch at yr howddgar
ddarlleydd Cristnogawl.

Dymma i ti ar les d' enaid, yn hyn o lyfr, sylwedd
a chrynodeb y Ffydd wir Gatholic; ith hyfforddi a'th
berffeithio yn llwybr gwasanaeth Duw, ag Iechydwriaeth
dyn. Wrth ddarllen hwn y cei di wybod hanes, a dealld
gwirionedd y Grefydd Gristnogawl, a chyda hynny
ddanghossiad a dat-guddiad amhuredd crediniaeth Pâb
Rhufain. Rhoed y Goruchaf Dduw iti ochel y drwg, a
chalyn y da.

Mi a dybiais yn oref adel heibio'r hen eiriau cymreig[1]
yr rhai ydynt wedi tyfu allan o gydnabod a chyd-arfer y
cyffredin, ag a ddewisais y geiriau howssaf, rhwyddaf,
a sathredicca 'g allwn i wneuthyr ffordd yr ymadrodd yn
rhydd ag yn ddirwystrus i'r sawl ni wyddant ond y gymraeg
arferedig. Eithr am ryw air angenrheidiol, yr hwn ni
ellid dangos mo sylwedd ei rym, na synnwyr ei arwyddoccâd
yn gymraeg, e ddarfu i mi yn-ôl arfer yr iaith Saesonaeg,
Ffrangaeg, iaith Itali, iaith Spaen, a bagad o ieithoedd
eraill, gymryd y cyfryw air o'r Groeg, neu o'r Lladin, yn

---

[1] *Ymyl y ddalen:* Nid arfer neb dyscedic o adgyfodi'r cyfryw eiriau
methedig mewn iaith yn y byd.

y modd y mae'n gynefin gan-mwyaf ymhôb gwlad
yngHred er ys-talm o amser. Nid oes nemmawr o'r fath
eiriau ; ag o'r rhai rheitiaf di a gei hysbysrwydd a deonglad
ar eu penneu eu hun, ar ôl diwedd hyn o Rag-ddoediad.
Er maint fu fyngofal am myfyrdod yn hyn o beth, etto,
mi a wna gyfri gael fy-marnu a beio arnaf gan ryw fath a'r
goeg ddynion, y rhai a graffant ar ymbell air, ymma ag
accw, ag a ddoedant yn y fan, wele, geiriau seisnigaidd a
geiriau lladingaidd yw rhain, yn dwyno'r gymraec : f'atteb
i'r rheini, ydyw'r ddihareb, *Ni Wyr, ni Welodd, ni Ddysc.*
Druain gwerin, ychydig a wyddant, llai a welsant, ag nid
gwiw sôn am ddyscu iddynt. Myfi a faddeua i'r rhai hyn
eu hanwybodeth a'u ffolineb, ag adawaf i rai eraill chwerthin
am eu penneu. Hawdd yw gwybod am ryw eiriau seisnig,
nad oes, ag na bu er ioed eiriau cymreig iw cael ; a hefyd
may geiriau yn dyfod o'r Ffrangaec yw'r rhan fwyaf o'r
rhai y mae'n hwy yn tybied eu bod yn seisnigaidd. Ag
am y geiriau lladingaidd, pwy nis gwyr nad yw'r iaith
Gymraec yn ei herwydd, ddim amgen, onid hanner lladin
drwyddi. Mi' allwn pe bae gennyf hamdden wneuthyr
llyfr digon ei faint o'r geirieu cymreic arferedig, a
fenthycciwyd nid yn vnig o'r Lladin a'r Ffrangaec, eithr o
iaith Itali, ag iaith Spaen hefyd : heblaw'r dafod Roeg, ag
Ebryw, a'r cyfryw. Rhyw rai di-ddysc di-synwyr, a
ddoedant ddarfod i'r Ieithoedd hynny fenthyccio gan y
Gymraeg, ag nid yr iaith Gymraeg genthyn-nhwy. Nid
gwiw mor ymrysymmu a'r fath ynfydion cynhwynol,
namyn eu gadel mewn anwiredd ag oferedd. Yn wir
chwith iawn yw dal sylw ar lawer o wyr Eglwysig cymreig
yn byw ar bris eneidieu dynion, a bagad eraill o Gymry
yn cymeryd arnynt eulun dysc a goruchafiaeth, heb genthynt
fri'n y byd a'r iaith eu gwlad, eithr rhusso'i doedyd, a

chwylyddio'i chlywed, rhag ofn iss-hau ar eu gradd a'u
cymeriad; heb na medry darllen, na cheisio myfyrio dim
a fae a ffrwyth yntho'n gymraeg, fegis mynny onynt i
bobl dybied fod cymmaint eu rhagor-fraint nhwy, na
wedde iddynt (f'eneidieu gwnnion) ostwng cyn issed ag
ymyrryd ar ddim addysc cymreig. Telid Duw iddynt
ddaed eu cyneddfeu. Amdanaf fy hun, mi allaf ddoedyd er
dwyn onof y rhan fwyaf o'm byd hyd yn hyn o'm hoes
ym-mhell oddi wrth wlad Gymry, etto wrth fod ymmysc
Ieithoedd dieithr, a darfod i mi dreulio f' amser a m hastud-
rwydd mewn petheu eraill, ni bu fwy fyngofal ar fyfyrio,
a dal i'm cof vn iaith, no'r Gymraec; gan ddamuno allu
o honof wneuthyr rhyw lês i'r iaith a'r wlad lle ym ganwyd,
yn-ôl athrawiaeth Plato'r Athrho mawr a phenadur llawer
o philosophyddion dyfn-ddysc; yr hwn a ddoedodd,
*Ortus nostri partem Patria, partem Parentes vendicant, partem
Amici;* sef yw hynny, y mae rhan o'n genedigaeth ni yn
ddyledus i'n Gwlad, a rhan yn ddyledus i'n Tadeu a'n
Mammeu, a rhan arall yn ddyledus i'n hoff-ddynnion.

Duw a wyr e fuasse howsach i mi o lawer, a hynodach
i'm henw, scrifenny'r cyfryw beth mewn iaith arall chwaeth-
ach nog yn Gymraec; Ond mi a welaf bob peth, (onid
antur) ymhôb iaith ynghHred, mor bybyr, ag mor berffaith,
drwy ddysc a diwdrwydd gwyr da, nad rhaid iddynt (yn
ei herwydd) wrth ddim ychwaneg. O'r tu arall, prin y
gwela'i ddim (onid llyfr Gair Duw'n unig) yn y Gymraec, a
dim ffrwyth rhinwedd ynddo, i ddyscu ag i hyfforddi yr
rhai annyscedig. Doctor Wiliam Morgan a gyfieythodd y
Beibl drwyddi yn hwyr o amser; gwaith angenrheidiol,
gorchestol, duwiol, dyscedig; am yr hwn ni ddichyn
Cymry fyth dalu a diolch iddo gymaint ag a haeddodd ef.
Cyn hynny hawdd yw gwybod may digon llesc oedd

gyflwr yr iaith gymraeg, pryd na cheid clywed fynychaf, ond y naill ai cerdd faswedd, ai ynte rhyw fath arall ar wawd ofer heb na dysc, na dawn, na deunydd ynddi. O damweinie i ryw brydydd, ryw amser, geisio bras-naddu ychydig dduwioldeb ar gerdd, ef a balle mewn llawer pwnc eisieu dysc, a gwybodaeth; gan hynodi i'r bobl ryw hen chwedl, neu goel gwrach ar gwrr y barth; a hynny wedi ei dynny allan (y rhan fwyaf) o lyfr y Myneich celwyddog gynt, yr hwn a elwid *Legenda aurea,* ag a ellir ei alw *Traethawd y Celwyddeu.* Y mae'n fy meddiant i beth o'r fath gerdd gymraec iw dangos, ag y mae'n dostur iawn gan fynghalon i feddwl ddarfod twyllo ag anrheithio llawer enaid dyn drwy'r fath erchyll ynfydrwydd. E ddarfuessid cyfieuthu'r Testament newydd ynghylch yr wythfed neu'r nowfed flwyddyn o Deyrnas eyn harglwyddes frenhines Elizabeth, ond yr oedd cyfled llediaith a chymaint anghyfiaith yn yr ymadrodd brintiedig, na alle clust gwir Gymro ddioddef clywed mo 'naw'n iawn. Yn-nhal y Testament hwnnw y gwelais i lythyr duwiol dyscedig at y Cymry, o waith y gwir barchedig Dâd Richard Escob Meniw iw twyso nhwy i adnewyddiad yr hên ffydd gatholic a goleuni Efengyl Crist: yr hwn lythyr a scrifennodd y doededig Escob mewn Cymraec groyw, hyfedr, ymadroddus, a di-ammeu wneuthyr onaw lês mawr i bob Cymro a'i darllennodd. Heblaw hynny mi a welais ddosparth byr ar y rhan gyntaf i Ramadeg cymraec a brintiesid er ys-talm, yr hwn sydd ddarn o waith dyscedig ynghelfyddyd gramadec, mor buraidd, mor lathraidd, ag mor odidawg ei ymadroddiad, na ellir damuno dim perffeithiach yn hynny o beth. Ni wn i weled etto, na chlywed sôn am ddim amgenach yn Gymraeg a nemmawr o addysc yntho.

Julius Cæsar yr Ymerodr cyntaf, er ys mwy no mil a chwechant mylynedd aeth heibio, a fynegodd, yn ei ystori ladin a elwir *Commentarij*, y ddysc ar Philosophyddiæth oedd gan y Drudion ym-mhlith y Brytanniaid yn ei amser ef; ond ni choelia 'i ddigwydd dim sylwedd o'r athrylith a'r athrawiæth honno i brydyddion Cymry er ys llawer oes.

Tu-ag-at am newid trefn, a newyddu llwybr y scrifen-nyddiæth gymreig, drwy ddychymmig o wyr ryw fath ddieithr ar lythrenneu ag yscrifen bawb ar ei amcan ei hun, a hynny fynychaf heb na rhôl, na rhesswm; anghymessur iawn yw'r helynt honno. Os newid llythren-neu sydd raid, cymmwyssa llythyrenneu i'r Gymraeg yw'r elfenneu Groeg; hefyd, a'r rheini, medd yr Ymerodr Julius Cæsar, yr oedd yr hên Frutanniaid arfer o scrifenny yn ei amser ef gynt. Ond gan fod y llythyrennau sydd, yn arferedig ag yn sathredig ymhlith y Cymry er ys cyhyd o amser, gwell yw cadw rheini rhag llaw, na throi'r bobl i ddyscu gwyddor drachgefn. Os anweddus yw gorfod dyblu, d, l, f, yn-nechreu geiriau, eisteddfod o wyr dyscedig a ddichyn drwy awdurdod cyffredin ddi-wygu hynny o fai. Eithr yn y cyf-amser, gormod hyfder mewn vn gwr pwy bynnag fo, yw rhoi allan math newydd ar lytherenneu a scrifenyddiæth, a thybied may cymwys i bawb ei galyn ef. Hyn a wnaeth i mi ochel newid dim yn y llythyrenneu, er bod gennyf amryw ddull ar elfenneu gymaint a chan eraill. Eisieu dysc a duwioldeb, ag nid eisieu llythyrenneu i adrodd dysc, sydd ar yr iaith gymraeg. Nid gwaeth gan y newynog fwyd mewn descul bren, nog mewn descyl arian. Mi a fûm ddiëscaelusa'g ellais yn-ôl trefn ieithoedd dyscedig, ag yn enwedig iaith Ffrainc ag Itali, ar ossod ymadrodd hyn o lyfr yn llyfn ag yn llwybraidd, gan ochel dryg-sain a llediaith (gymaint dim byth ag allwn) yn

scrifennyddiaeth a llaferydd y geirieu; ag fal y galle
Cymro ei ddarllen ef yn rhwydd, ag yn rhygyl. O
digwydd i ti ar y cais cyntaf gyfarfod a pheth anghynefinder
ag anhowsder, mewn ystryw a dealld rhyw ddoediad neu
sentens weithie; yna, darllen di'r mann hwnnw drachgefn,
a pha fynychaf y darllenner ef, howsach howsach fydd ei
ddirnad.　Hefyd, rhaid i ti wybod na ellir cyfieuthu dim o
iaith arall yn gymraeg, cyn rhwydded, a chyn rhydded, ag
y dichyn vn scrifenny'r peth a ddychmygo ag a fynno fo'i
hun.　Yn y naill, rhaid yw dilyn doediad, a chalyn cerdded-
iad gwr arall: yn y llall, mae i ddyn gymryd y llwybr a
welo fo yn dda, a gwneuthyr ei daith ai waith, yr hwn a
fynno, ai hir, ai byrr, ai crych, ai llyfn; yr hyn beth a wyr
pawb dyscedig.　Yn ychwaneg, gwybydd ddarfod imi
(yn bennaf dim) beri printio hyn o draethiad yn y llytheren-
neu arferediccaf a chydnabyddussaf i'r rhai annyscedig
(o ddieithr rhyw fath ar eirieu, a doediadeu arbennig,
yn rhyw fanneu o'r llyfr) a rhaid yw cyd-ddwyn ag ymbell
fai a ddiangodd dan ddwylaẇ'r Printiwr, herwydd nid
peth cynefin yw printio cymraeg.　A chymmesur yw
adrodd i ti yn hyn o fan pa ddialedd a llwyr-gam a wnaeth
gwr eglwysig o Gymry mewn Eisteddfod; pan grybwyll-
wyd am roi cennad i vn celfydd i brintio Cymraeg, yntef
a ddoedodd nad cymmwys oedd adel printio math yn y
byd ar lyfreu Cymreig, eithr ef a fynne i'r bobl ddyscu
Saesonaeg, a cholli eu Cymraeg, gan ddoedyd ym-mellach
na wnaer Beibl gymraeg ddim da, namyn llawer o ddrwg.
Wele, ond rhinweddol a naturiol oedd fod yn Eglwyswr
fal hyn? A alle Ddiawl ei hun ddoedyd yn amgenach?
Nid digon oedd gantho ef speilio'r Cyffredin am eu da
dayarol, ond ef a fynne gwbl anreithio eu heneidieu nhwy
hefyd.　Herwydd pwy ni wyr mor amhossibl fydde dwyn

yr holl bobL i ddyscu Saesonaeg ag i golli eu Cymraeg;
ag mor resynol yn y cyfamser fydde colli peth aneirif o
eneidieu dynion eisieu dysc a dawn iw hyfforddi? Ond
tebig oedd hwn i'r ci yn gorwedd yn y preseb, ni wnae
na bwyta gwair ei hun, na gadel i'r Ych bori chwaith?
Na bo gwell helynt ei enaid ef nag oedd ei ystyriaeth fo
am eneidieu eraill. Doetted pawb *Amen*, ag na chlywer
byth mwy sôn amdano. Ond gan fod llyfr gair Duw
wedi ei gymreigu a'i brintio, nid gwiw i neb o blant diawl
bellach geisio tywyllu goleuni Cymry, gwnelont eu
gwaethaf. Gwaith rheidiol iawn fydde troi'r Psalmeu i
gynghanedd gymraeg, nid i ganghanedd Englyn, nag
Owdl, na Chowydd, nag i fath yn y byd ar gerdd blethedig;
herwydd felly ni ellir byth troi na'r Psalmeu, na dim arall
yn gywir. Eithr i'r fath fessur a thôn canghanedd ag
sydd gymeradwy ymhôb gwlad, a ddiwygwyd trwy
dderbynniad discleirdeb yr Efengyl: ag fal y gwelir yn y
Saesonaeg, Scot-iaith, Frangaeg, iaith Germania, iaith
Itali, a'r cyfryw: fal y gallo'r bobl ganu y gyd ar vnwaith
yn yr Eglwys; yr hyn beth fydde ddifyrrwch a diddanwch
nefawl iddynt yn y llann, a chartref. Am Englyn, neu
Owdl, neu Gowydd, e wyr pawb nad cynefin ond i vn
dyn ar vnwaith ganu'r vn o'r rheini. Heblaw hynny, ni
wasnaetha tôn yr vn o honynt i gerdd ysprydol vchelfraint;
a phe gwasnaethe, etto, cabledd mawr yw cymmysc cerdd
yr Yspryd glan yn yr vn don-ganiad a cherdd faswedd ofer.
Rhaid i'r neb a gychwnno hyn o orchwyl cyssegr, ddealld
amryw ieithoedd dyscedig, fegis na roddo ef vn gair yn
y Ganghanedd ond a fo cwbl cyd-synniol a meddwl yr
Yspryd glan. Pette gennyf y seibiant a'r hamdden sydd
gan lawer, cyntaf peth, a chwannocca poen a gymerwn i
arnaf, fydde, tueddu at hyn o waith, ar ôl cyd-siarad a

dyscedigion Cymry, ynghylch pa ddull a math ar
ganghanedd, a dybyid oref a chymessuraf i hyn o
Dduwioldeb. Yn y cyf-amser (ddarlleydd Cristnogawl)
dyro groeso i'r llyfr duwiol ymma, a droes i o Ladin er
mwyn y rhai annyscedig, yn yr hon iaith y scrifennodd
Escob Iuel ef, vn o'r gwyr goref ei ddysc, a duwiolaf ei
fuchedd, ar a fagwyd er ioed dan Gred a bedydd.　Duw
a roddo i ti hyfryd gynnydd a chymmorth ymhôb dayoni
ysprydol.　Ag yn-ôl archiad Crist eyn prynwr, *Yn gyntaf
cais Deyrnas Dduw a'i gyfiownder,* a thi a gei bôb peth yn
ychwaneg.　Bydd　wych.　O　dref　Lunden　ym-Mis
Hydref.　1594.

M. K.

XI. HUW LEWYS

Perl Mewn Adfyd

1595

Ir darllennydd

Christnogaidd : rhad a thangneddyf Ynghrist.

Mae yn scrifennedic mewn amryw Hystoriau, o
wirionedd ac awdurdot gwarantedic, pa wedd yr arfere
yr Emerodr mawr, Dioclesian (pann gae ef ddim seibiant
a llonyddwch gann ryfeloedd) o wau rhwydau manyl-
faisc plethedic, i faglu ac i ddala gwybeid, ac ednogieid, ac
eraill or cyfryw fan bryfed, rhag bod yn segur. Caius
Caligula, y pedwerydd Cæsar, ac Emerodr mawr ynteu,
pann ddychwelodd o ryfela yn erbyn y Germanieit, a
gasclai blisc a chregin ynglann y mor, gann orchymyn yw
holl filwyr wneuthyr y cyffelyb, rhag bod yn segur. Os
oedd (gann hynny) y rhagddoededig Emrodrwyr hyn
(gwyr synhwyrawl ardderchawg, pennaethieit pwyllawg,
Concwerwyr galluawg, a llywodraethwyr godidawg)
mor ddirfawr yn ffieiddiaw, ac yn cas-hau buchedd segur-
llyd, (yn vnic trwy ddirgel-waith natur, ac anian) fal y
dewisent yn hytrach wneuthur pob siapri, ac arabedd, na
bod yn segur, pa faint mwy y dylem ni (sef oll wir Grist-
nogion) 'rhai sy gennym, nid natur yn vnic, a rhesymmae
naturiol, eythr gwir, a bywiol air duw hefyd, in dyscu,
in cynghori, ac in rhybuddiaw, rhag cwympaw, a
digwyddaw o honom, i'r cyfryw : fe a ddarlleuir yn
Genesis, pa wedd y glawiodd duw dan or nefoedd i
ddinistriaw Sodom a Gomorha, o herwydd i pechodae :
ar pennaf o bechodae 'rhain ydoedd diogi, a seguryd fal
y tystia y Prophwyd Ezechiel.

Tra ydoedd Dafydd i hun yn rhyfela yn erbyn y
Philystieit, ef a wnae yr hynn oedd gymeradwy, a da,
yngolwg yr Arglwydd, ond pann dariodd ef gartref, fe
gafes Sathan wall arnaw, gann i annog i wneuthyr yr hynn
oedd ddrwg a ffiaidd garbron duw : ac felly y digwyddawdd
i'r vn a orchfygodd y llew, yr arth, a Goliah y Philystiad
mawr, ie, ac a orchfygodd ddeg mil o wyr i hunan, yn y
maes, mal y tystia yr scrythur lan am danaw, (Sawl a
Laddodd i fil, a Dafydd i ddengmil ne i fyrddiwn) adaw yn
ei seguryd i orchfygu gann ei drachwantae ai bechodae
i hunan. Ystyrieth o hynn, ac o eraill or cyffelyb siampleu
a hynn, am cymhellawdd i Gambraegu y llyfr hwnn ;
gann ym dybied yn anifyr, ac yn anuwiol fod yn segur, o'r
pryd y rhodde yr haul ei byst goleuadfawr, ai belydr
disclaerwiw, i oleuo yr dydd hirddydd haf, nes i fachludaw
eilwaith, gan roddi lle i'r goleuadon lleiaf.

Ac er bod hynn yn achos mawr, eto mae achosion
dwysach o lawer, am cymhellasont i gymeryd hynn arnaf.
Yn gyntaf, ardderchowgrwydd y gwneuthurwr cyntaf,
yr hwnn sy ddiau gennyf i fod, yn Awdur duwiol, yn
Athro rhinweddol, yn wr defosionol, yn bregethwr
rhagorol, ac yn weithwr grymus nerthol, yn y winllan
ysprydol, (sef yw hynny, yn yr Eglwys Gristnogaidd
gyffredinol) mal y mae eglur, nid yn vnic wrth ei boen ai
lafur ef yn y llyfr presennol hwnn, eythr hefyd mewn
llaweroedd o llyfreu eraill, 'rhain a scrifennodd ef, drwy
fawr boen a diwydrwydd, er lles i lawer, er moliant i
dduw, ac er gosod allan ac eglurhau, ei sanctawl ewyllys
ef : y rhain oll a dystiant o honaw ef, i fod yn ffyddlawn,
ac yn caru duw.   Ond ni safa i yn rhyhir, ar y pwnc hwnn,
canys fal y mae'r ddihareb, *vino vendibili suspensa hædera*

non est opus, ac fal y canodd Pendefig pencerddiaidd o'n gwlad ni ein hun.

> Nid rhaid rhoi clod brawnod bro
> iawn oll, i vn ai nillo

Yr ail achos am gwthiodd i hynn, yw, godidawgrwydd a daioni y llyfr, canys os ystyriwn sylwedd y ddysceidiaeth gynwysedic oddifewn y llyfr, fe a gair ynthaw faterion defnyddfawr, dyscybliaeth wyrthfawr, athrawiaeth fuddiol, ac angenrheidiol i bob dyn. Canys os yw angenrheidiol i bob dyn fod yn Gristion, ac os yw angenrheidiol i bob Cristion oddef croes ac adfyd yn y byd hwnn, fal y rhagordeiniawdd ein Iachawdwr Crist, yn ei Efangyl, gann ddoedyd, os ewyllysia neb ddyfod ar fy ol i gwaded efi hun a choded ei groes, &c. Ac fal yr escrifennir yngweithredoedd yr Apostolion, trwy lawer o gystudd mae yn rhaid myned i deyrnas dduw : ac mal i tystia Saint Paul, Pawb ar a ewyllysiant fyw yn dduwiol ynghrist Iesu, a oddefant erlid : Pwy a ddichon ne a eill wadu, nad yw y peth sydd in fforddio, ac in confforddio yn ein croes, a'n ing, ac in cynorthwyaw megys i ddwyn ein baich yn fuddiol ac yn angenrheidiol hefyd ? Ac yn ddiau or cyfryw ddiddanwch, mae yr llyfr hwn yn llawn. Hwnn a ddysc i ni wybod, pwy sydd in ceryddu, neu yn rhoddi ein croes a'n adfyd arnom ; sef duw : am ba beth; am ein pechodae: i ba beth : In dwyn i edifeirwch a gwell-hant buchedd : drwy ba fodd : Drwy ein darostwng a'n vfuddhau, a'n dyscu drwy ymynedd a goddefgarwch, i gyd-oddef gida Christ, fal y gallom hefyd, gyd-teyrnasu gidac ef. Hwnn a'n dysc i gymerryd ein clefyd, ein tlodi, ein carchar, a ffob croes arall a gofyd, yn llawen, ac yn orfoleddus, gann ein darostwng ein hunain tan alluawg law dduw, fal y gallo

H

ef ein derchafu pann ddel amser ein gofwy : a chann
feddiannu ein eneidieu drwy ymynedd.

Y 3 achos yw, tlodi ac eisieu gwlad Gymbru o lyfreu yn
i hiaith ei hun, ir diwedd ar defnydd hwnn, sef, er
rhoddi iachusawl, ac ysprydawl ddiddanwch, ir sawl
sydd glwyfus, ne mewn rhyw fodd arall yn orthrymedic.
A chyd bae bob gwlad a theyrnas o'n hamgylch, a llyfreu
duwiol, daionus ganthynt, yw dyscu yn ffordd yr Arglwydd,
ac yn ffydd Grist, yn ddigonawl, eto prin y cawsom ni
lyfreu, (yr hynn sydd drwm a gofidus gennyf) yn ein
iaith ein hun, in athrawy yngwyddorion, ac ymhyncieu
cyntaf y ffydd.　Ac er bod y Beibl, yrawrhon yn ddiweddar,
wedi i gyfieuthu, ai droi i'r Gambraeg, drwy boen a dyfal
ddiwydrwydd, y gwir ardderchawg, ddyscedicaf Wr,
D. Morgan, (i bwy vn mae holl Gymbru byth yn rhwymedic
nid yn vnic am ei boen ai draul, yn hynn, cyd bae hynny
clodfawr ac addas o ddiolch, eythr hefyd am iddaw ddwyn
y cyfryw drysawr, sef gwir a phurlan air duw, i oleuni yn
gyffredinawl i bawb, 'rhwn ydoedd or blaen guddiedic
rhag llawer, gann adferu eilwaith yw pharch ai braint,
iaith gyforgolledic, ac agos wedi darfod am dani) er bod
hwn (meddaf) gennym, ac o honaw i hun yn ddigonawl,
i roddi cymorth a chysur, ymhob gwrthwyneb, eto, drwy
fod hwn, mal y mae gweddaidd, a chymwys, yn gloedic
yn yr Eglwysi, lle nid oes cyrchfa atto namyn vnwaith
yn yr wythnos (a hynny sywaeth yn ddiog gann lawer)
mae llaweroedd yn ymddifaid o gyngor, yn amser i
ymweliad, ac heb wybod pa wedd y mae ynddynt i ymddwyn
ei hunain, yn ei hadfyd, ai cledi.　Ac heb law hynn mae
holl leoedd yr Scrythur lan, 'rhain ydynt yn perthynu ir
diwedd, ac i'r pwrpas hwnn, megys ar dayn, ac yn wascar-
edic, ac am hynn yn flin ac yn anhawdd i neb, ac yn

amhosibl i'r anyscedic wybod, pa le y cais hwy er i ddiddanu
ai gonfforddio ei hun: Eythr pa beth bynac a escrifennir
drwy holl gorff y Beibl, er y perwyl hwnn, hynny oll a
gynhwysir, a grynhoir, ac a gesclir ynghyd ir vnlle, mewn
trefn, ac ordr dda, yn y llyfr bychan hwn, mal y dichon
gwr pann i mynno i caffael, yn hawdd ac yn ddiboen,
mewn parodrwydd, i fyfyriaw arnynt, yn amser i adfyd ai
ofwy.

Yrawrhon, y diffig hwnn o lyfreu sy in mysc (gida bod
y Preladieit ar gwyr eglwysig hwythau yrhann fwyaf yn
ddiog yn ei swydd ai galwedigaeth, heb ymarddel a
phregethu ac a deongl dirgelwch gair duw i'r bobl, eythr
byw yn fudion, ac yn aflafar, fal cwn heb gyfarth, clych
heb dafodeu, ne gannwyll dan lestr) yw yr achos paham
y mae cymeint o anwybodaeth mewn pethau ysprydawl
in mysc: mal y digwydd yn fynych, fod mewn amryw o
leoedd, henafgwyr briglwydion, trigeinmlwydd oed, ne
fwy, mor ddeillion, ac mor anyscedic, ac na fedrant roi
cyfri o bynciau yr ffydd, a'r crefydd Cristnogaidd, mwy na
phlant bychain newydd eni.

Hynn yw yr achos pam y tyfodd cymeint o chwynn,
gwyg, ac efrae, yngwenithfaes yr Arglwydd, sef cymeint
o ddraddodiadae, a dynawl ddychmygion a gosodigaethae
yn yr Eglwys, yn gymyscedic a gwir, ac a phurlan air duw.

Hyn yw yr achos pam y mae cymeint o gaudduwiaeth,
delw-addoliant, pereryndod, gweddio ar Sainct meirwon,
ar cyfryw ddiwres argoelion in mysc. Hyn yw yr achos,
pa ham y mae cymeint, o falchder, a rhodres (a hynny heb
droed) ie ymysc rhai gwael, iselradd. Pa faint yw rhwysc
cybydd-dod, vsuriaeth, chwant, trais, lledrat ac ysbel, in
mysc, fe wyr pawb sy yn dal ac yn craffu ar gwrs y byd.
Puteindra, ac anlladrwydd ni bu erioed fwy: glothineb,

brwysc, a medd-dod sy gyffredin ; casineb, llid, gelynniaeth, digofaint, ymrysonau, ymgyfreithiaw, anghariadoldeb ac anudonau sy ry aml, ac agos a gorescyn ein gwlad.   Ac ni wnn beth yw yr achos o hyn, ond (gida bod yr Eglwys-wyr mal y doedais vchod, rhain a ddylent fod yn siampl ar air a gweithred i eraill, yn ddifraw, ac yn ddiddarbod) ein eisieu o lyfreu, in twysaw, ac in llwybraw yn y ffordd iawn. Ond bellach i bwysaw at ddiwedd : na fid rhyfedd, na chwith genyt, paham yr henwais y llyfr hwn yn berl, (gann mae gair Saesonaeg yw perl) nid wyf yn gwneuthyr yn hynn ond fal y gwnaeth fyngwell om blaen, canys darllain y trydydd pennod ar ddeg o Efangyl Sainct Mathew, yn y 45. ar chweched wers a deugain, a thi a gai yr vn gair. Heb law hynn, oni chanlhynais fy Awdur air yngair, na feddwl wneuthyr o honof ar fai : canys weithieu (yr wyf yn cyfaddef) mi a rois lai, weithieu eraill, mi a rois fwy nac sydd yn y llyfr Saesonaeg, ond cofia beth a ddywaid y Bardd lladin *non verbum reddere verbo, Curabit fidus interpres.* my-fi a wneuthym yr hyn a dybiais fod yn oreu ar dy les.

Na feia am nad oes (y) ymhob mann o flaen (n) ne (r) lle i dyle fod, canys ni alle y printiwr wneuthyr amgen, am nad oedd ganthaw cymaint ac oedd angenrheidiol or llythrennae hynny : ac felly cymer y (d') yn lle y (dd) ac (l') yn lle (ll) ac os damwainiodd i vn llythyren ne i air fod allan oi le, meddwl mae Saeson ai printiodd, 'rhai oeddynt anghyfarwydd yn yr iaith.   Cymer bob peth mewn rhann dda, a thi am anogi i, ag eraill hefyd, i gymeryd poen mewn pethau eraill o hyn allan, drosot.   Yn iach.

XII. IFAN LLWYD AP DAFYDD

Ystorie Kymru, neu Cronigl Kymraeg
[llawysgrif Llanstephan 129]

Ystorie Kymru, neu Cronigl Kymraeg.
At yr hynaws ddarllenydd.

Wrth weled beunydd (y Kymro glan) gwyr n gwlad ni
yn ymhel ag ymofyn am ystoriau y Groegwyr, Rhifeinwyr,
a helyntiau pellenigion kynhedlaethau anghredadyn eraill
ymhob lle, pawb mor gyfarwydd tuhwnt i r mor ag i
mynid, a chartref yn i gwlad i hunain, lle i r oedd reittia
vddynt wybod hanes a chyfarwyddyd, yn ddeillion gwbl
ag yn anhysbusion, heb wybod tim a berthynau iddynt i
hunain, nag yn medru rhoddi drostyn, na bwrw oddiwrth-
ynt, pan seithyd dim attom ni, kenedlaeth y Bryttaniaid
o oruchel fonedd Troia. Sef afi ddrwg genifi, ag mi a
welwn hynu yn wradwyddis ag drachefen, mi a estyriais
mae r achos o hynu ydoedd am nad oedd ddim o ystoriau
yn gwlad ni yn bryntiedig, na dim yn iawn perffaith yn
scrifenedig o herwydd i r Saeson ddystrowio yn ddyrmygis,
drwy dan a chledde, fenachlogudd a thau kryfyddawl y
Bryttaniaid, ag yn enwedigol, Bangor Fawr o Faulor
Saesneg. Canys yno iroedd athrawiaeth y Bryttaniaid o
lyfrau ag yno i llosged perffeithrwydd o honynt. Ag
hefyd am fod pawb o honom yn yskyluso yn iaith
Fruttanaeg, ag ymroi i arfer ag i ddysgu tafodiaith estron-
awl, o blygid dieithra iaith dan y ffurfafen yn i gwlad i hun
yw Camberaeg. A thrachefen hyn ydoedd yn scrifenedig
i r oedd hynu mor amherffaith, anghysbell a gwasgaredig,
fal i bai diflas gan bawb, nai darllen, nai klowed. O
herwydd hyn mi a geisiais gasglu o bob man hyn a ellais o

lyfrau yn gwlad ni, a i rhoi hwynt mewn dosbarth well
nag i r oeddynt. A gobeithio i bydd gwiw a difir genyd
ddarllen y llyfur hwn. Hefyd i mae yntho lawer o
ymrafaelion ystoriau a rhefeddodau i dichon y duwiol a r
synhwyrol ystyried gwaith Duw ym hob oes, a chymeryd
kynghorau a rhybydd da o ddiwrthynt : yma i kei di weled
kychwniad, tyfiad a gostyngiad dy hen deidiau, a chanfod
ffyniant a meddiant dy rieni, i kyfodiad a i kwmpiad, a r
achos i kwympassant (sef am i pechodau) nid amgen trais,
ysbail, gordderchiad, ballchder, twyll, bradwriaeth, lladd,
drwg fwriad, pechod Sodom, chwant ag awydd i anrhydedd,
ag i lywodraethu ag i dyrnassu. Am y rhai hyn oll i goll-
yngodd duw estron genedl am yn penau i n gorchfygu,
ag an gyrwyd ni o n gwlad wastad froedig i r kreigiau
a r gwlltinebe hyn i r im yr awrhon yn prysswylio. Fellu
gynt, yn yr vn modd i gwnaeth Duw a fflant r Israel am i
hanwiredd, i rhoddes ef hwynt yn gig hel yw gelynion,
nid amgen i genedlaethau yr Assiriaid a r Ffelistiaid.
Yma hefyd i kei di weled y tâl i mae duw yn i roddi am
bechodau, fel i mae ef yn kuro y diriaid a r anywiol ag yn
kymorth ag yn amddiffin y duwiol : a dysgu wrth hynu pa
beth y sydd i tithau yw gochelyd, a ffa beth yw ddilid :
pa lwybrau yw rhyssu, ag megis yn dy gartref dy hyn,
oddiwrth henafiaid gwyr dy wlad, a dilin i ffyrdd hwynt
gan gyfeirio dy fuchedd mewn ffordd iawn, ag ymwrthod
a r beiau aniwiol, heb ystyrio ddim bellach. Am hynu
kymer y llyfur hwn genifi o wllis da ag am fymhoen a m
llafur mi a ddeisyfa arnad fod yn ddigabl, ag na farna kyn
darllen deuttu r ddalen ; a r hynn a weli ar fai ymendia, a
gwellha ef : a thrig yn iach.

    dy gâr o wir waed y Bryttaniaid
    Ifan llwyd ap Dafydd o Nantmynach o fewn Sir
    Ferionedd esquier

XIII. EDWARD KYFFIN

Rhann O Psalmae Dafydd Brophwyd
Iw Canu Ar Ôl Y Dôn Arferedig
Yn Eglwys Loegr
1603

At fyngharedigion wlâd-wyr
y Sawl a gârant Ogoniant yr Arglwydd,
    ag ymgeledd ei gwlad-iaith.

Wrth weled mor ofalus ydiw ieithyddion eraill am ei
gwlad-iaith, a chynnydd yr Efengil drwy oll grêd, a bôd y
Saeson mor gymwynascar i w gelynion y Spaeniaid ag
iddynt brintio bagad o lyfre yn yr Yspaen-iaith a i danfon
ymysc y gelynion ar feddwl ei hynnill at Dduw, a r rhai a
aeth a'r llyfre rheini at y gelynion, a fentriasant nid yn
vnig ei dâ ai trafel ond ei hoedl hefyd ar fedr gwneuthur
llês i Estron-Genedl.

Pa faint mwy y dylem-mi ymgeleddu eyn hiaith eyn
hunain yr honn a ddeffynnodd y Goruchaf dduw yn yr
vn-lle yn y deyrnas honn ers seith-gant-a'r-higen o flynydd-
oedd ag y chwaneg ymysc cyn-niuer o amrafaelion
Genhedloedd, terfyscoedd a dinistroedd a fu i'n mysc er
yr amser hwnnw i geisio difa a dinistrio yr iaith a i phobl yn
llwyr. Yr hynn beth ni all vn nasiwn nag iaith ar sydd
dann Grêd a Bedydd heddyw ddoedyd y cyffelib. Am yr
hynn yr ydym-mi yn fwy rhwymedig i'r Arglwydd nag oll
Bobloedd y byd : ag nyni yn ôlaf ag yn ddiweddaraf am
osod allan Ogoniant Duw yn eyn iaith eyn hunain.

Ag wrth weled a chlywed mor brydferth ag mor hyfryd rydys yn moliannu Duw yn yr holl Eglwysi lle mae r Efengil yn cael rhyddid, ond Ynghymru yn vnig, wrth ganu Psalmae Dafydd, hynny a wnaeth i mi (Er Gogoniant i'r Arglwydd, a Chariad i'm Gwlâd) ddangos fy wyllys dâ yn cychwyn hynn o waith ar ddechre cynghaneddu hynn o Psalmae yn nesa ag ellais at feddwl yr Yspryd glân, fel y cefais hwynt yn scrifennedig yn y Scrythurav.

Mi a rois y Psalmae prôs ar gyfer y Gynghanedd, ag a adewais lê rhwng pôb Vers a i gilidd o'r Gynghanedd fel i gallo rhai celfyddach gymhennu a pherpheithio hynn a wneuthym i o frâs-nâddiad, er prâw yn vnig, ag er annog eraill (a fedrant yn well) ei hail ddiwygu hwynt.

Gann ddamuno arnoch bawb yn ol ei allu hyfforddi fy wyllys dâ i a'ch cyngor a'ch cymorth, i amlygu i'r byd eych serch a'ch cariad i Dduw a'ch Gwlâd. Yr hynn bêth os gwnewch, chwi a ogoneddwch yr Arglwydd, chwi a fawrhewch eych gwlâd, ag a'm cyssurwch innau, nid yn vnig i fynd trwodd a holl gorff y Psalmae yn yr vn-rhyw gynghaneddiad (yr hwnn fesur gynghanedd sydd gymwysaf ei ganu gann yr oll Gynlleidfa ar vn-waith) ond hefyd i lêshau fy ngwlâd ymhellach ar ôl hynn mewn pethau duwiol eraill o'r Scrythur lân.

Drwy obeithio gann gadw o dduw nyni a'n hiaith mor gryno ag mor ddi-lwgr dros gyd o amser, fôd gann yr Arglwydd dduw ryw orchest-waith a gorchafiaeth tu ag at amlhâd ei ogoniant ei hûn ym-mysc yr hên Frutaniaid a gadwodd ef mor wyrth-fawr mewn rhyddid a diogelwch hyd yn hynn.

A chan eyn bôd yn byw yn yr Oes honn dann ardderchockaf Vrenhines o'n gwlâd eyn hunain, yr honn sydd yn canhiadu i ni gael y Scrythur lân yn eyn hiaith eyn

hunain, ag oll gyfreidiau eraill ar a ddamunem ei cael tu ag
at amlhau Gogoniant Duw, a mawrhâd eyn hiaith : (Yr
hynn bêth ni a attolygwn i dduw ei hîr-gynnal i ni rhag-
llaw) O fy anwyl wlad-wyr, tra fo duw yn canhiattau
i ni, y rhwydd-deb, yr heddwch, a'r rhyddid y rydym
yrowron yn ei gael, na chollwn yr amser presennol, ond
yn hytrach gwaredwn yr hîr-amser a gollasom yn barod,
a dangoswn i'r byd, eyn bôd yn prisio mwy am Ogoniant
Duw, am Orchafiaeth a derchafiad eyn Gwlâd a'n hiaith,
ag am ddi-dranck lywenydd ag iechydwriaeth eyn Eneidiau
eyn hunain, nag yr ydym am ddarfodedig fwnws y byd
hwnn, yr hynn nid oes i ni ond byrr amser i w fwynhau.

Ag ar hynn mi a ddamunwn ar bôb gwir Gymro na
rodde hûn i w lygaid, na heppian i w amrannau (fel y
doedodd y Prophwyd Dafydd) nês gweled Gogoniant yr
Arglwydd, drwy hy-fforddi gorffenniad y Gorchwyl
duwiol yma yn ei wlad-iaith ei hunan.

Yr oll-alluawg dduw yr hwn yn vnig a roes y meddwl
ynofi i gychwyn hynn o waith, a gynnhyrfo ynoch
chwithau wyllys i gymorth yr vnrhyw, tu ag att helaethiad
Gogoniant Duw, mawrhâd eyn Priod-iaith, a chyssur eyn
Eneidiau erbyn y dydd a ddâw.

Yr eiddoch i w orchymyn yn-Christ Iesu :
Edward Kyffin.

XIV. THOMAS SALISBURY

Psalmae Y Brenhinol Brophwyd Dafydd
gwedi i cynghaneddu mewn mesurau Cymreig
Gann Gapten Wiliam Middelton
1603

At y darllenvdd.

F'Anwyl-gariadus wlâd-wyr, gann fod ynof fawr-wllys
ag awydd erioed i lês-hau fyng-wlâd, yr hynn bêth ym-hôb
môdd y pen-nodais atto i'r hynn eitha o'm gallu, drwy
hiraethu am weled cynnyrch a blodeuad gwybodaeth o
Dduw a'i wîr-greddyf ef yn-gwlâd Gymru, a'r hên gofiadau
o'r wlad a'r iaith mewn diogelwch rhag llwyr ddifan-goll:
hynny a wnaeth i mi yn ddiweddar gychwyn printio
Brutan-aeg drwy obeithio wrth hynny wneuthur i'm
gwlâd ryw wasanaeth cymeradwy: Ag o rann annog
f'annwyl wlâd-wyr i ddarllen ei hiaith gartrefig, mi a
dybiais yn gyf-addas ddechre ag ardderchawg lyfr y
Psalmau: Yn-narlleniad yr hwn i cefais erioed dra-mawr
ddiddanwch, ag am hynny, ystyriais fôd y llyfr hwnnw yn
wîr-angen-rheidiol i bawb oll iw fyfyrio, ag i fucheddu
yn ei ôl. Yr hwnn lyfr (drwy râg-wêliad Duw a chan-
northwy yr vrddasol Mr. Thomas Middleton Ysgwier,
rwyfi 'rowron yn ei anrhegu i'ch boneddigeiddrwydd chwi
wedi ei gynghaneddu ym-hôb math ar gerddwriaeth a
arferwyd erioed yn yr iaith Gymraeg.

E ddarfu i mi hefyd ddechre y Psalmau yn yr vn-fath
Dôn-gynghanedd yn Gymraeg, ag sydd arferol ei canu yn

saesnaeg yn Eglwys Loegr, ag a rois nôdau yn-nhâl y llyfr,
i w canu hwynt, gann obeithio y caf weled ei gorphenniad
hwynt cynn y bo hîr.

Mae hefyd aml-bethau da eraill yn barod i'r print-wryf,
nid amgen, y Testament newydd yn gymraeg wedi ei ail-
ddiwygu gann y parchedig Dad, Escob Elwy. *Traethawd
o lyfodraeth y tafawd,* ag vn arall *o Edifeirwch* o lafur-waith
Mr. Perkins. *Arlwy i Byriodas* ag am-ryw bregethau
eraill o fyfyrdawd Mr. Smyth : ag amrafaelion bethau
gorchestawl eraill, Duwiol, a dynol, y rhai yn ddi-oed
a brintijd, ond cael gwerth am y rhai sy'n barod eusus.

A chann drefnu o Dduw gystal achos i'r sawl a glowant
arnynt ddangos ffrwyth yn y byd o'i ffydd, ag sydd ynddynt
galondid ddâ i wirgreddyf, o rann ei bôd yn mwynhau
hy-lawn gennad a rhyddid i wneuthur ei hegni penna tu-agat
hy-fforddi gogoniant Duw, ag ad-fyw-hau bagad o bethau
rhagorawl yn eyn priod-iaith, y rhai sy debig i gael ei
claddu yn llwyr ang-hôf, a'i difa gann Amser, oddierth
ei hachub hwynt drwy brintio, y rhain gofiadau ynt yr-
owron yn aros mewn hayach o scrifenn-goppiau mewn
enbydrwydd i lawer o ddamweiniau, ag felly i lwyr-golled-
igaeth : Hynny a'm cynhyrfodd i ymbil a'r sawl oll ynt
awyddus i ogoniant Duw, ag yn caru llês ei ganedig-wlâd,
a'r ôr-hên-iaith Gymraeg (a gadwodd y Gor-uchaf Dduw
mor wyrthfawr eusus ers Seith-gant a'r-higain o flynydd-
oedd a rhagor, y mysc cyn-niuer o droyadau ar fyd, a
chyfnewidiau Brenhinoedd ar a ddigwyddodd yn yr ynys
honn er amser Brutus) i annog bawb ei gilidd i gyd-gymorth
gyf-ryw dduwiol amcan sy'n pen-nôdi at iechydwriaeth
eyn eneidiau eyn hunain, ag amlhad dysceidiaeth, gwybydd-
iaeth, a duwioliaeth i'n mysc ni, yn enwedig yn yr amser
bendigedig hwnn pann rôddes Duw i ni ardderchawg

frenin yr hwn sydd yn dyfod o lîn Brutus (er an-rhaethawl
ddiddanwch oll gywir-galon frutaniaid.) Felly gann
orchymyn y deisyfiad yma i'ch cristianus ystyriaeth a'ch
cariadawl ymwared chwi

Terfynaf.

Yr eiddoch yn yr Arglwydd,
Thomas Salisbury.

XV. THOMAS WILIEMS

*Trysawr yr iaith Latin a r Gymraec, ne'r Geiriadur
cywoethocaf a helaethaf or wir ddiletiaith Vrytanaec
. . . wedy dechreu i scriuenu 4 Maii 1604
[llawysgrif Peniarth 228]*

At hybarch Arglwyddi, pendeuigion, y Bonheddigion
vrddasol yr Scolheigion ethrylythus, a r hygar
gyphredin yn holl Gymru Benbaladr, annerchion a
hyrwydd lwyddiant ynghrist Jesu.

Pan veddyliwn (veglurlathr Arglwyddi, a m cu anwylieit)
nad yw dyn, yn bendiuaddef henddyn, ddim amgen nag
eddi am garuan, ne ganwyll gadach, ne mygys morweisiat
ne gloch ar ddwr, a m hoedran ineu 'n trymhau, ag yn vy
rhybuddiaw, i gasglu 'nghyt vynghipan a m capan erbyn
v'ymdeith a m gwir gaertref allan o r glynn y trueni hwn
yma. Am bod i'n rhwymedic yn nesaf at vy nyleet i
dduw, vy mrenhin vy rhieni a m anwylieit, i wneuthur yr
eithaf o m gallu dros vyngwlat ag iaith naturiawl vy mam,
a m hanwylgu gereint yn holl Gymru. A daruod i mi
er ys mwy na deg mlynedd ar hugein, ag yn wastatol er
hyny hyd yr awr honn, bentyrru Casglfa ddiruawr o eiriae
Cymraec, henion a newyddion, er mwyn cymoni a chyfan-
soddi dictionarium a Geiriadur Brytanaec, y gadw'r iaith
einom (os duw a i gwyl yn iawn) yn dragyvyth, er dig a
mefl i Suddas a holl elynion y loewiaith Vrytanaec. Mae'n
oet ag yn gwbl vadwys i mi gan hyny, gyfranu a m cyt-
wlatwyr, y Trysawr ni bu 'rioet ei gyphelyp ynghymru
o r blaen rhag lliwio i n gwlat ni na bai vn dyn yn hyborth
yw phobul yn y gwaith hwn, val y mae 'mhob gwlat yn y

Gristnocaeth gan mwyaf gan bob cenetlaeth yn eu hieithieu
'hunain yn gysylltiedig a r Llatin sydd gyphredinaf iaith
yn holl Europa.   Mi a vum yn dysgwylio dros yr amser
wrth M. Doct. Dauis prifphysycwr a vedrasai wneuthur y
gwaith yn dda ddigon ag wrth Sal. par. pow. ag ereill,
addowsent er ys blynyddoedd ei wneuthur, ag er hyny ni
ddaruu vddunt veisio, gwneuthur brisc na thorri 'r ia 'n
y lluddedigboen hon yma.   Eithyr pes gwnaethai'r vn
o naddunt e vuasai'r drutvaich yn ysgafnach ag yn
hyphorddach ym ysgwyddau amdrymion i gan heneint,
goual ag amryw heiniae damweiniawl y oetran.   Ag am
na chaent ne na chymerent enhyt, ne nadawai'r byt vddunt,
a bod y gwaith mor odidoc, mor rhagorgamp, ag mor
angenrheitiol y bawb achlan a hophai'r groewiaith Gymraec,
nys gallwn, ag ny ddylywn gadw'n briotol ymyhun y peth
a ddylei vod yn gyphredin i laweroedd o herwydd y mowr-
les a'r buddiant, duw'n y blaen, a ddaw ag a dyf ohonaw.
Canys nyd yw'n anwybot y neb a synhwyr yn ei benn mor
anhepcor, mor gyfreidiol a gwerthuawr yw'r swllt a r
anwyldlws yma, nys gellir ei gyngwerthyddio, yr trebelyt
areithwyr, i'r precethwyr huawdlion, ag y gyfieithwyr
tradoethion pob celfyddyt arbenic o r gywoethoc Latiniaith
yr geindec Gymraec einom.   Yma gan hyny y ceiph yr
hygar a r mwynlan ddarlleydd amlder tramawr ag amryw
niueroedd o eiriae detholedic, yn gystal o r hen Vrutaniaith
gynt ag o r gyphrediniaith arueredic yn yr oes honn,
hyt y gellyt haeachen drwy holl Gymru, nyt heb awdurdawt
hen a newydd, y wirio ag y gadarnhau pob gair anarueredic
y pryt hynn, ag y argau safnau'r ceryddwyr gogangwbl
mewn cyfeddach ysgatuydde a thragloddest ag ymherio
trayfet, y rhai a vedrant veio a cheryddu llauurwaith
ereill yn gynt ag yn barotach nag eiluyddu ne wneuthur

dim canmoladwy, gwiwgof eu hunein. Eithyr v'arglwyddi
mowrbarch a chwitheu vonheddigion cloduawr a r ethrylith-
gar dyscedic, o chaf euch porth a ch canhorthwy chwi
ny ddorwn ehuduarn nebun ysgentyn gan goet, heb na
dysc na dawn na dim pwyll wahan. Nys gallwn hepcor
heniaith y Brytanieit o r cynvyt o herwydd ei bot yn dra
angenrheitiol er mwyn deuallu 'r hen lyurae Chronic ag
ereill hen awdurieit, yr hen veirdd a r prydyddion dyscedic,
scriuenedic yn y rhestr o u henweu'n nechreu'r llyuer hwn.
Vynghwyn wrthych bawb a ddarbodwch or iawn a r wir
Gymraec, na chefeis nemawr o gymhorth gann vngwr
o m gwlad haeach, nag o u llyfrae nag ou mâl, er gwybot
vy mod ynghylch y gorchwyl tramawr hwnn dros gymeint
a chyhyt o amser, cyt bawn er ys pedeir blynedd yn
scriuennu heb na thorh na thrai, hyt onys gorphenais yn
berfeithgwbl : y dduw bo'r diolch, a roes y mi bechadur
a dynyn truan lletclaf yn vynych, gennat yw ddybennu, er
gogoniant y dduw ein harglwydd, a lles ym cymmydoc,
drwy lavurboen anorphwys, drwy rynn ag anwyt, pericl am
vy iechyt lawer gwaith, goual cystuddliw wyneb oddyuewn,
ag ymgatewrach oddyallan gyda S. paul, val y gallaswn
ddwyn prinder ag eisie, er dim rhyged a gefeis gan neb yn
ei herwydd, ag amrygoll golled o r elw damweiniol wrth
ymddeith ar llet er gofwyaw cleifion a i trino. Val y bai
ryvedd vy mod yn vyw a m teulu oll, ond bod rhai'n
synio arnaf, a duw celi'n vymhorthi, yr hwn a rydd vwyd
y bob cnawd, ag y gywion y cigurain yn galw arno ef.
Nys gallaf yma heuyd nas gwnelwyf ailgwynvan ag achwyn
yn erbyn y Cymru anvrytaneidd, anwiwnaws, neulltuawl,
anvwynion ag anghymmwynascar, a chanthunt hen llyurae
Cymraec allasent wneuthur lles y mi ag yw gwlad, ag er
hynny nyt hepcorent ddim o honunt, ond eu dyrnguddio,

eu murnio a u celcu, heb wneuthur dim lles na budd
vddunt euhunein o eisiae medru' trino, na i cyfranu a r
sawl a vedrasai o ddywrthynt, ag au haruerasent er lles y
lawer a mawr ddyfyrrwch, ag er cof am danvnt wythe pan
vûasent yn bridd ag yn lludw. Eithyr yn iach yr Bibli-
otaphi, y murnwyr a r claddwyr llyurae hyny, am y bont
yn wychion ag yn llawen, a duw a ro meddwl gwell ynddunt.
Ond canhawddamawr yr bonheddigion a r cyphredin y
cefeis yn ddiomedd venthyc eu llyurae, yn enwedic
M. Mauric Wynn Escwier, (Copha'r cyfion ym molianae)
o r plas yngwedir, y cefeis yn gyntaf oll vwyniant eu
lyurae, a i vap Syr John Wynn marchoc vrddolwaisc,
Syr John Salusburi marchoc calonddewr, M. Rob. Pugh o
Benrhyn, M. John Edwards o r Wavn gwir ymgeleddwr
yr iaith Gymraec, M. hugh Gwynn o r Berth ddu'n Llann
Rust, M. Edward Theloal, M. Rob. Holland, a M. Gr. o r
Cemeis, a phawb o m cydradd a m anwylddynion a roesant
venthyc na charp o lyuer na chwrrach, y cefeis ddim
yspysrwydd oe hachaws ag o u plegyd, ef a bery' clod dra
barhao r iaith Gymraec. Y Gwyrda hynn ny bu n anwiw
ganthunt, ag nyt yw, dreuthu'n eglur ddiletiaith ag yn
llawnllythyr, a dywedyd ag scrivenu iaith eu gwlad, mal y
gwnai'r addurnedicaf Wiliam Jarll penvro, dyfnddwys,
gwiwlan a Fyddlonaf cynghorwr cynniver vrenhinoedd a
brenhinesae Lloegr, a llygat holl Gymru, yr hwnn ny
phlychiai arno, ag ny 'mattaliai 'mysc goreugwyr y Deyrnas,
adrodd iaith ei vam yn vlaenllym, groewber, gyssongroew,
ag yn fraethlym, vlaendost a geryddai r Cymro murseneidd,
pefriaith, mindlws, a ddywetei estroniaith wrth ei gyt
Gymro. Ag nyt heb achaws mawr. Canys pwbynac
a vo gwladaidd genthaw, ei dad ai vam, ei wlad a i iaith,
anheilwng oedd ef yw eni, ei vagu, a i veithrin yn ddestlus,

yn gu ag yn anwyl gann ei rieni a i wlad. Mi allaf
gyssylltu 'n gymmwys a r Jarll vrddasryw vchod, y goreu-
gwr teilwng o vowrglod Jarll Caer Wrangon sydd heddyw,
ag Arglwydd Rhaglan, pengwastrawt meirch ein mawr-
eddoc vrenhin Jaco, yr hwn ny rusia ddywedyt Cymraec
a i hymgeleddu a i mawrhau'n anwylgu vrytaneidd:
Syr Edward Stradling marchawc dyscleirlathr, prif-
ymgleddwr ein iaith Gymraec yn neheuwlad Gymru,
teilwng yw gophau yn y defnydd hynn, ag ar bob downus
ragorgamp yn perthynu 'rinweddae a gwroldeb. Y
Gwyrda clodvorus a henweis, allen yn llwyr beri y lawer o
scolheicion y prifyscolion Rydychen a Chaer Grawnt, a
llaweroedd ereill, o rai gwamalion, gwacsaw, yswylio a
gwladeiddio pan ddywetont ddyeithriaith wrth eu cyt-
wladwyr, o ulaen eu hyurytlawn vamaith, y velusber
Gymraec. Ond y daluyrru, ag ar hyder y mawrha'n
Cymru ni eu priawt ymadrodd a u cyseuiniaith loewdec
eglurloew'n well o hynn allan, rhag dannot gwarth a
chywilydd, wely 'r modd a r llyuer helaethlawn, a r Gymraec
yn cyfateb pob gair llatin, er eu mwyn, ag er cadw heuyt
y Gymraec loewlan byth bythoedd, ag hyt ddiwedd y byt
val y mae n gobeith ar dduw, a i cadwodd mor rhyuedd
yn ddisothach ddigymmysc ac yn ddilwgr er ys mwy na
dwyuil a seithgant o vlynyddoedd, ymysc cymeint a chyniuer
o ieithoedd estron wledydd val y datganodd Taliesin
Benbeirdd.

> [1]Gwae vi mor druan drwy ddiruawr gwynvan
> ydyw r darogan i hil Troia
> Sarphes gadwynoc valch anrhugaroc
> ai hesgyll yn aruoc o Germania
> honn a oresgyn holl Loegr a phrydyn
> o lann mor Llychlyn hyd yn Sabrina
> yno bydd Brython yn garcharorion
> ym mraint alltudion yn Saxonia

[1] *Ymyl y ddalen*: yn yr odl vraith.

I

eu ner a volant, eu hiaith a gadwant
eu tir a gollant onyd gwyllt Wallia
ony ddel rhywvyd, yn ol hir benyd
y bo gogyhyd y ddau draha
                         Taliesin Benbeirdd a i cant.
pan vo cwyn cynllwyn bro Gwstenin
pan wisger gwialen y gilblant werin
gwynn ei vyt y geneu nghyfrwydd gyfeistrin
a lafaro trigair o r heniaith gysefin
               Gwenddydd chwaer Merddin Wyllt.
    dewin prouedic dywaid
    iaith bann gwir o th benn a gaid
    a elwir Bardd mwy eilwaith
    gelwir ef y gael yr iaith.
    pan deimler yn dyner deg
    wraidd y gruaidd Gymraeg
    pan ofyner llawer lles
    yn gall am air a golles.
    cai hwn yn grwn yn y gris
    ceudod prifardd a i cedwis
                    Gr. ap Grono Gethin.

Val hynn gynt y daroganent yr hen veirdd am iaith y
Brytanieit, cymered y darlleuydd val y mynno, nyt ydynt
eu dywediadae hwynt yn vynghredo i, mor ddilys, ddiogel
a pheth diau diysgoc, o blegyd na ŵyr vn dyn beth a vydd
rhagllaw, ond y gwirdduw a r creawdr sy n gwneuthur,
yn lluniaethu ag yn trefnu pob peth, i r hwn y bo r
gogoniant a r gallu yn dragyuyth, Amen.

Ag velly gan ddywedyt gair ne ddau am yr orgraph
aruereis i'n y gwaith hwn yma, gwybydded y mwynlan
ddarlleydd, vy mod yn canlyn yr hen aruer o scriuenu,
drwy ' gwellhau'n rhyw vannae, ar ol cymeint a chyfniuer
o lyfrae hen awduredic, a henweis yn y dechreu yma, am eu
bod yn hyphorddach, yn ddeheuach, ag yn hyvetrach gan
y cyphredin bobul, cyt bai'r Grammataec a r llythyrenae
newyddion wedy dychmygu'n gywreingall geluyddus,
yr dyscedic. Ond yn vnic rhaid y mi atteb y rhai trasmala
haerllucion, am y llythyren t yn niwedd geiriae, yn lle d,
megys llygat dros lygad, troet yn lle troed a r cyfryw, mai

velly dyly'r iawn scriuenyddiaeth vod, val y mae'n cytestio
a mi, ag yn arddel ymy'r holl awdurieit vchod, ag heblaw
hyny'r aruer gyphredin mewn treigl a chyfansoddiad a
chymhleth ymadrodd megys gwr llygeitu, Cilmin Troetu,
gwr llygatcam, dyn troetcam, a r vath hyny mewn miloedd
o eiriae. Na varnet gann hyny'r ehut yn rhy vuan, nes
deuallu'n gyfangwbl ol a blaen, llwyr ag oll. A pherhon y
mi a dargysgu'n y gwaith athrwm hwn yn rhyw le, mae
Horatius yn v'amddeffen vod yn gyfreithlon mewn gwaith
mawr o gysgu peth. Pwy bynac a wnelo'r cyphelyp
orchwyl, barned yn hydda. Ag velly'r erfyniaf, ag yr
attolygaf ar dduw Celi 'ch noddi ach cadw (v arglwyddi
gwiwryw a bonheddicion vrddasol) a phawb oll o m
anwylgu wladwyr, eich hyrwyddo a ch cynysgaeddu, val
y parhao cymrodedd, vndeb, twymder a thirion gariat
rhyngoch oll yn y byt haearnawl hwn wedy daruot yr
Eurvyt gynt, a deoli o hono ef allan o'n gwlad y rhai
ceintachus, ymrysongar, cynhenus, a therfyscus, sy'n heu
amrauaelion ag ymrysonion yn euch plith, hyt onyt aethont
sywaeth laweroedd, gormodd meddaf, bendraphen a
phendromwnwgl a u gilydd, y dreulio eu daoedd yn over
ddiglot, ag y gywoethoci r cyfreithwyr, ag y lawenychu 'r
rhai ny charent ddim o honunt : mal y galloch yn ddiwit-
iach, a phawb ohonom oll achlan, wasneuthu duw a'n
ardderchocaf benaeth a'n dyledoc vrenhin Jaco, brenhin
Brytaen Vawr, Amen.

> yr einoch oll yw orchymyn ynghrist
> Jesu, Thomas vap Wiliam a aned yn
> Ardde'r Menych dan droet mynydd yr yri
> ### Deo gratias
Non nobis domine, non nobis, sed nomini tuo da gloriam.

XVI. ROWLAND VAUGHAN

Yr Ymarfer O Dduwioldeb:
Yn Cyfarwyddo dŷn i ryngu bodd Duw
1630

At y darlleydd.

Fy anwyl gyd-wladwr deallgar, dyma fi yn bwrw fy
mauch oddiarnaf, eithr nid hwyrach cyn gynted ac y delo
yn dy olwg di, mai fy nhrwm-lwytho â beiau yw fyngwobr
am dano; gâd iddo, os fy nhynged yw hynny, mae'n
rhaid ei chroesawu : a gwrando dithau yr hwn wyt yn
edrych ar wiscoedd fy mâb maeth hwn, o ran cael tyllau
yn ei ddillad; bydd di dy hun (pwy bynnac wyt) yn
wniedydd iddo neu ir cyfryw yr amser nessaf, a thro a
thrin yn orau ac y medrych, ac oni byddaf fi yn talu y
nechwyn adref i ti, fe fydd rhywyn ai gwna yn ddiammau :
Nid wyf yn adrodd mo hyn er mwyn elwi gwag foliant i'm
fy hûn : eithr i ddwyn ar ddeall i't, fy mod i yn ddibris am
air y byd, pryd yr aethum i ddinoethi fy nysceidiaeth
egwan iddo : ac er mwyn rhoddi i ti argoel fy mod i yn
cydnabod nad wyf ond megis march bychan a anturiai
fyned tan bwn mwy nac a allai ei ddwyn, yr wyf yma o
egion calon ddifrifol yn fy ymddarostwng fy hûn ger bron
Duw a dynion, i erfyn nawdd am fy meiau : gan orchymmyn
fyngwaith at ein Leuiaid dyscedyg, iw gyweirio ai ddifeio
megis y gwelont hwy fod yn orau.

Am y llyfr hwn, a sail yr athrawiaeth sydd ynddo, nid
yw ond golau canwyll yngoleuni yr Haul i mi ei glodfori :
bid y pedwerydd waith ar hugain y printiwyd yn Saesonaec
yn dystiolaeth oi odidawgrwydd. Am yr iaith a arferais

i iw gyfieithu : yr ydwyf fi yn gweled cymmaint a ragor
rhyngddi, ac iaith y Saeson, ac sydd rhwng cochol newydd
a chaberden glyttiog : ac etto nid oes vn sail o athrawiaeth
yn y saith gelfyddyd, nad yw wedi ei addurno yn eu hiaith
hwy.   Oh Frutaniaid gwaedol, cymmerwch chwithau beth
poen a thraul, i osod allan eich tafodiaith gyfoethog :
oddieithr i chwi fod o vn feddwl a'r cymru seisnigaidd, y
rhai sydd yn tybied yn oreu ddeleu a ddiffoddi ein iaith ni :
fel y byddai yr holl ynys hon yn llefaru yn iaith y Saeson ;
eithr beth yw hyn ond meddylfryd anghristianogawl, ac
adeiladu cestill yn yr awyr, a dymuno i lawer o eneidiau
yn y cyfamser newynu am fara y bywyd.

    Mwyaf peth sydd yn dyfod yn erbyn ein hiaith ni ydyw,
anhawsed gan y cymru roddi eu plant i ddyscu, fel y mae'n
well gan lawer dŷn fod ei etifedd yn fuwch yn ei fyw na
threilio gwerth buwch i ddyscu iddo ddarllain : ac ni
cheir yn lloegr nemmawr o eurych, neu scubwr simneiau
na fedro ddarllain, ac na byddo a'i lyfr tan ei gessel yn yr
Eglwys, neu yn ei ddarllain pan fyddo'r achos.   O dyscwn
ninnau gydfrodyr eu dilyn hwy yn hyn o beth megis yr
ydym ni yn ddigon parod i ddilyn eu harfer mewn pethau
eraill.   Yr ydym ni yn meddiannu yr ynys hon ou blaen
hwy, er bod Camden ai gau athrawiaeth ddyscedig a llawer
o ddiscyblion iddo yn gwadu Brutus ac yn haeru mai
Ieffrey o fynyw a scrifennodd o honaw gyntaf, a chan i
mi grybwyll hynny : dyma ddychymyg Camden i chwi i'w
ddarllain : Britania (medd efe) o *Brith* sef, *Pictus*, a *tania*
o'r gair groeg *taunia* yr hwn a arwyddoccâ *gwlad, ergo*
Britania : ac felly rhoddi *Brutus* i gyscu mewn *ogof*
anghoffadwriaeth tragwyddol : cwsc dithau mewn heddwch
Camden lythrennog o'm rhan i, canys nid yw ran ei Gristion
lygru enw da y marw, eithr am dy ddiscyblion, er nad wyf

o ddeisceidiaeth iw hatteb : mi allaf adrodd fy meddwl
iddynt, fel y gallasant hwythau, sef, fy mod i yn tybied mai
mwy o ran cael mawl ac anrhydedd gan Saeson
ardderchawg, nac o ran dosparthu'r gwirionedd y saeth-
asant eu geiriau anguriol gywilyddus. Eithr nid wyf yn
ammau na chânt hwy eu hatteb gan ryw fryttwn calonnog,
fel nad el eu dychmygion yn gredadwy yn yr oesoedd
nessaf. Ac rhag ofn i ti dybied fy mod i yn myned o
amgylch y llwybr, sef i adrodd peth amherthynol i ymarfer
Duwioldeb, mi ddychwelaf at fy nestyn drachefn.

Fe allai y tybia llawer i mi gymmeryd mwy o rydd-did
yn scrifennu'r iaith hon, nac yr oedd tadogaeth y geiriau
yn canniattâu. Eithr deall, mai wrth fwrw fy serch ar
gywyddau cymraeg y cefais i y gyfrwyddyd wan sydd
gennif, ac yr wyf yn gobeithio i mi arfer y geiriau sathredig
a arferodd hên Athrawon o'm blaen i, ac na chyfeiliornais
o athrawiaeth Doctor Dauis ynghyfieithiad y Bibl, yr hwn
yw'r vnig Plato ardderchawg o'n hiaith ni. Os darfu i mi
ddychymyg ymbell air er mwyn eglurhau pyngciau
celfyddgar : y mae'r hên Fardd Hora. yn atteb trosof yn
y geiriau hyn sef :

> ——*Licuit, semper licebit*
> *Signatum praesente nota producere nomen*
> *Vt siluae folij pronos mutantur in annos*
> *Prima cadunt, ita verborum vetus interit aetas* :

Ac nid oes gennyf fi ond hyn i ddywedyd wrthit, i gloi
ar y cwbl. Edrych a ddichon y llyfr hwn roddi meddyg-
iniaeth i'th enaid, neu lyfrau eraill oi gyffelyb : megis y
llyfr odiaethol a gyfenwir *llwybr hyffordd i'r nefoedd* o
gyfieithiad y llên dyscedig, am hanwyl athro Mr Ro.lloyd
Ficar y waen, neu bregeth am edifeirwch o waith yr
vnrhyw gymreugydd rhagorol : ac oni ddichon hynny

beri i ti wellhau dy fuchedd, ni byddit ti ddim gwell *pe cyfodai vn oddiwrth y meirw* i'th athrawiaethu : eithr os cei di ddaioni oddiwrth y llyfr hwn, meddwl yn dy weddi am vn a fydd rhwym i wneuthur i'w iaith a'i wlad, y gwasan-aeth a'r vfydd-dod gorau ar a fedro tra byddo ei enw

Row : *Vaughan.*

Di gwyn yw gennif yn y deg iaith bêr
Ddwyn y boen yn hirfaith
Os byddi was wybydd-iaith
Yn fwyn i gyd-ddwyn am gwaith.

R : V.

XVII. ANHYSBYS

Y Bibl Cyssegr-Lan,
Sef Yr Hen Deſtament A'r Newydd
1630

At y darlleydd.

Rhyfeddol a bendigedic ffrwyth yspryd Duw ar yr Apostolion ydoedd lefaru a thafodau eraill, *Act.* 2. 4. Ac nid heb achos y synnai, ac y rhyfeddai y lliaws o'u plegyd, gan ddywedyd : Pa fodd yr ydym yn eu clywed bob vn yn ein hiaith ein hun, yn yr hon i'n ganed ni ? Mal hyn y casclodd ac y plannodd yr Arglwydd ei Eglwys ar y cyntaf. Ac er bod y cyfryw ddoniau o dafodau yn ragorfraint yr amseroedd hynny yn vnic, a'r sawl a ddewisodd Duw yn Scrifenyddion pennaf a nesaf i w Yspryd, yn y cohoeddiad a'r pregethiad cyntaf o'i Efengl : Etto fo ryngodd bodd i'r vn Arglwydd o'i fawr drugaredd, ddarparu a sancteiddio yn dragywydd ryw foddion eraill mwy arferedic er mwyn helaethu ei Eglwys, a chynnydd i w ogoneddus wirionedd. Y mysc y rhai 'n yr ydym ni yn cyfri mawr leshad a Bendith Tafodau ac Ieithoedd, er eu bod wedi eu cyfrannu ini mewn modd a mesur arall. Ffydd sy'n dyfod o wrando ; Ac er marw yr Apostolion er ystalm o ddyddiau maent hwy yn llefaru etto, ac yr ydym ni yn eu clywed hwy yn ein hiaith ein hun yn llefaru mawrion weithredoedd Duw. Yr ydym ni yn eu clywed hwy felly yn wir ; Ac fo ddichon y lleiaf ei ddysc o honom syrthio i lawr ar ei wyneb, ddywedyd Amen, ac addoli Duw. Ac ni chynnygiai neb byth, ond Philistiaid atcas, cenfigennus, gau i fynu y cyfryw ffynhonnau gwerthfawr yn tarddu i

fywyd tragwyddol. Ac er myned swn yr Apostolion i'r
hollt ddaiar yn eu hamser, neu yn gyfagos i w hamser,
a'u geiriau hyd eithafoedd y byd, a phregethu'r Efengyl i
bob Creadur tan y nef ; a derbyn o'r hen Frutaniaid ymhlith
eraill y dedwyddwch hwn gyda'r cyntaf (megis y mae
llyfrau Cofion yr Eglwys yn testiolaethu) Etto yr oedd
naill ai traha y gelyn cyffredin, ai amryfusedd a dallineb yr
amseroedd hynny yn gymmaint, na chyfieuthwyd erioed
(am a wyddir) gyssegr lan Folum Llyfr Duw, yr hwn yn
vnic a ddichon wneuthur gwr Duw yn berffaith, i'r
Gymraeg, tan yr amseroedd diweddaf o happus Ddywygiad
y ffydd. Ac felly yn nyddiau Brenhines ELIZABETH o
goffadwriaeth enwog, fo brofwyd gwneuthr hyn yn gyntaf
yn y Testament newydd yn vnic, gan y rhai y mae eu
taledigaeth a'u clod gyda'r Arglwydd. Eithr ar ol hyn fo
gyfieuthwyd y Bibl ei gyd yn gyntaf trwy waith Dr. Morgan,
ac yn ddiwaethaf fo'i hail-olygwyd ac ei perffeithwyd ef yn
amser bendigawl deirnasiad ein Brenhin dyscedic IAMES
trwy waith Dr. Parry : Pob vn o'r ddau yn wyr grymmus,
a gwresoc mewn zel ac yn Escobion ol yn ol yn Llanelwy.
Ac er bod llawer mil yn ddyledus yn anrhydeddu eu
coffadwriaeth, ac yn bendithio yr Arglwydd am eu gwaith
hwynt ; Etto nid ydoedd na'r lles, nar arfer o air Duw
mor gyhoedd ac mor gyffredin, ac y chwenychai lawer o
Gristnogion bucheddol. Cans (ac yntef wedi ei brintio
a'i rwymmo mewn Folum fawr o bris vchel) ni ellid cen
hawsed na'i ddanfon ar led, na'i gywain i dai a dwylaw
neilltuol, eithr yr oedd efe gan mwyaf yn hollawl yn
perthyn i Liturgi a gwasanaeth yr Eglwys, fel yr oeddyd
hefyd wedi ei amcanu ef yn bennaf ar y cyntaf. Yn awr,
gan fod yn ceisio gennym chwilio a darllain yr Scrythyrau
yn neilltuol gartref, heb law yr ydys yn ei wneuthr yn

gyhoedd ac ar osteg yn yr Eglwys. *Act.* 8. 28 & 17. 11.
Ac felly yr oedd y Tadau erioed yn gydtun yn annog ac
yn cyffroi y bobl yn eu Cenhedlaethau, yn henwedic S.
Chrysostome yr hwn sy'n galw yn vchel ar wyr llyg a phob
gradd a math ar ddynion i ddarparu iddynt Fiblau ; Ie
gan fod yr Apostl ei hun yn gorchymyn preswylio o air
Duw ynom yn ehelaeth, *Col.* 3. Ac lle y dylai yn ben-
difaddeu breswylio yn y galon, yr hon yw dodrefnyn
pennaf yr enaid, Etto mae'n angenrhaid iddo hefyd
breswylio yn y ty. Ni wasanaetha yn vnic ei adel ef yn
yr Eglwys, fel gwr dieuthr, ond mae'n rhaid iddo drigo
yn dy stafell di, tan dy gronglwyd dy hun. Ni wasanaetha
i ti ei gyfarch ef bob wythnos, neu bob mis, mal yr wyt ti
ond odid yn arfer o gyrchu i r Eglwys ; ond mae'n rhaid
iddo ef drigo gyda'th ti fel cyfaill yn bwytta o'th fara, fel
anwyl-ddyn a phen-cyngor it'. Fel y bo gan hynny
fynychach ymarfer beunydd o'r llyfr sanctaidd hwn, fel y
gallech ti fod yn gwbl barod, i bob gweithred dda, a dyscu
o honot gadw dy ffyrdd yn ol gair Duw ; Wele fo gyflwynir
i ti yn awr i Bibl, a ffurf yr hollt weddi gyffredin, mewn
llyfr o faintioli cymwys, a hawdd ei ddwyn. Ac yma y
mae'n rhaid i ti gydnabod yn ddiolchgar fawr ofal a chost
rhyw dduwiol ac vrddasol ddinasyddion a marsiandwyr o
Lundain (ymhlith y rhai yn bennaf ac yn henwedic y mae
Sr. Thomas Midlton marchog vrddol a Rowland Heylin
dau Henaf-gwyr o'r vn ddinas) Duw o'i ddaioni a'u cofio
hwy, a phawb eraill mewn Symlrwydd calonnau ffyddlon
dda ydynt yn ewyllysio ac yn gwneuthr daioni i w Sion ef.
Dy ddled a'th ofal di a ddylai fod yn gyntaf mawrygu a
chlodfori Duw am y dedwyddwch a'r rhydd-did yr ydym ni
o'r deirnas hon (vwch law eraill o'n cymydogion o'n
hamgylch) yn ei fwynhau tan adn a chyscod ein grasusaf

Arglwydd Frenhin CHARLES, tan yr hwn y gallwn
ni fyw yn llonydd ac yn heddychlawn mewn pob Duwioldeb
ac honestrwydd, gan attolwg iddo ef, roddi a chwanegu
llawer o ddyddiau at ei enioes ef, a llawer o lwyddiant ac
anrhydedd at ei ddyddiau. Trachefn ti a ddyleit gymmeryd
gofal ymhellach, ar lawenychu yngair Duw, ar ei gyddio
ef yn dy galon, fel y cadwo dy Enaid ei Dystiolaethau ef,
fel y caffo ei ogoneddus Efengl ef rwydd-deb rhag llaw a
ffrwytho beunydd, fel y gogonedder hi i'n plith. Yr
Arglwydd a drefno ac a gyfarwyddo ein camrau ni yn ei
air; ac na adawed ef i anwiredd arglwyddiaethu trosto'm.
Yr Arglwydd a dewynno ei wynepryd arnom, ac a
drugarhao wrthym, megis y mae'n arfer i'r rhai a garant ei
enw, ac a grynant wrth ei air ef. Amen.

XVIII. ROBERT LLWYD

Llwybr hyffordd yn cyfarwyddo yr anghyfarwydd i'r
nefoedd . . .

1630

At y darllennudd o Gymro vniaith ; Annerch

Y Darllennudd hygar, Er dy fwyn di yn vnig, y cyrchais
o eithaf Lloegr Sais-fam-dâd, i ddyscu i ti yn dy iaith dy
hûn, gan na wyddost ond honno, yr vniawn-lwybr hyffordd
i'r nefoedd.

Ac yr awr'hon wedi'r holl boen a gymmerais, ar fedr
gwneuthur i ti lesâd, a dwyn diddanwch i'th enaid ; Nid
hwyrach y byddi mor anniolchgar i Dduw am ei ddaioni,
ac mor ddifrâw, a difedr am danat dy hûn, ac na chymmeri
hamdden i ddarllein y llyfran hwn ; ac yna yr aeth fy holl
ofal, am llafur i yn hyn o beth, o'th ran di, yn ofer : A
pheth sy waeth i ti, y llyfr hwn a saif ddydd y farn, yn dyst-
iolaeth i'th erbyn, ac a brawf gynnig i ti athrawiaeth iachus,
ac hyfforddrwydd i achub dy enaid, ond nas mynnit : fod
helynt y byd, coegni, ac oferedd yn dallu dy galon, yn
pendafadu dy synwyr, ac yn sûo byrdwn yn dy glustiau
fel nad wyt yn meddwl am dy ddiwedd, nac yn ymorol
pa beth a ddigwydd i'th enaid. Gofala mewn prŷd, am
danat dy hûn, a chofia y ddihareb :

Fe lâs a gafas rybudd, ac ni lâs a'i cymmerodd.

Ac er nad oes gennit flâs ar ddarllain llyfrau duwiol o
herwydd cydwybod, etto ar fy namuniad i darllain yma,
nid dwy ddalen, neu dair yn vnig, ond y cwbl trwyddo
vnwaith, i ddifyrru yr amser, oni wnei ddefnydd gwell

ohonaw. Ti a gei gyfarfod a rhai ymddiddanion mwyn-
ion ; yn enwedig lle y mae'r Ceccryn (dy wir gydymmaith
di yscatfydd) yn taro i mewn ei draws ddadleuon trwscwl,
ac anghymmen i ddadleu ynghweryl annwybodaeth, a
drŵg arferon y byd. Nid hwyrach ond antur y digwydda
i ti wrth drîn y pethau hyn yn grâff, fel y digwyddodd i
Zaccheus wrth edrych ar Grist o frîg y pren, pa ŵr ei sut
ydoedd ; Edrych ditheu pa fâth Gristianogol athrawiaeth
sydd yn y llyfr hwn, a chyn ymadael ag ef, fe a'th ddelir
yscatfydd ar y gwtta yn ddiarwybod it dy hûn, fel y daliwyd
Zaccheus, ac y troi i fod yn ddyn ffyddlon, i groesawu
Crist i'th galon (er nad oedd hynny yn dy frŷd ar y cyntaf)
fel y croesawodd Zaccheus ef i'w dŷ.

Neu, onid yw y bwyd hwn yn dygymmod a'th gylla di,
etto na fydd fel y cî yn y preseb, sef heb gymmeryd daioni
it dy hûn, na bod yn fodlon i eraill i gael y peth yr wyt ti
yn diflasu arno ; Oni wnei ddaioni i dylwth dy dŷ, na
wna gam a hwynt am ymborth eu heneidiau, ac os gwnei,
ti a gei atteb am dano, lle ni bydd vn llyfr i'th ddyscu, ond
llyfr dy gydwybod i'th gyhuddo ; a'r llyfr hwn hefyd
yn dŷst i'th erbyn, fel y dywedais o'r blaen : Canys er
porthi o honot gyrph dy blant, a'th deulu, a gadel ar hynny
heb ymorol a'm eu heneidiau, beth yr wyt ti yn ei wneuthur
iddynt chwaneg, nac a wnei i'th farch, i'th ŷch, ie i'th gî ?
Darllein hwn gan hynny, i'th wraig, ac i'th blant.

Ac oni wnei hynny o gydwybod, etto gwna o gym-
mwynas i ddifyrru iddynt. Os rhyw Abigail a drefnodd
yr Arglwydd i ti i fod yn winwydden ar ystlysau dy dŷ,
wrth droi ei throell, neu drîn ei hwswiaeth yn ddistaw, hi a
gippia yn grâff y geiriau da a glywo, ac a'u rhydd yscatfydd
iw cadw yn ei chalon, fel y fendigedig fair, a'm eiriau ei
mâb.

Ped anfonaswn it lyfr i ddyscu bod yn ariannog, yn gyf-
oethog o dda, neu i bwrcasu tiroedd, ie neu ryw chwareuon
ofer, a choegni, fe gawsai y fâth hwnnw anfad groesaw yn
aml ar hyd y wlâd : Eithr dymma it beth sydd well ar dy
lês. Dysc wrth hwn o fewn y chydig at ei ddechreuad,
weled dy gyflwr presennol, a chyrhaeddyd y wir adenedig-
aeth, i fod yn blentyn i Dduw ; ac yna y cei dryssor safadwy,
parhaus yn y nefoedd : ti a fyddi cyfoethog yng-Hrist o
bob rhadau ysprydol : a'r nefoedd hefyd eiddot ti fydd.

Ai arswydo yr wyt ti ymroi i wasanaethu Duw rhag
gwatwor cymmydogion ? Os céisio rhyngu bôdd dynion
yr wyt, ni byddi byth wâs ffyddlon i Grist : *Gal.* 1. Os
bydd cywilydd gennit Grist, a'i air, ai wasanaeth yma ar y
ddaiar, ti a wyddost beth sydd yn canlyn yn yr Efengyl,
e fydd cywilydd gan fâb y dyn dutheu etc.

Os bydd mwy gofal arnat rhag anfodloni rhyw geccryn
anghrefyddol, heb ddim ofn Duw yn ei galon, neu ryw
Gain genfigenus, neu Ismael watworus, neu Esau afreolus,
neu Suddas gybyddus na bodloni Duw, ac achub dy enaid,
fe aeth hynny yn galed. Ti a glywaist mai rhaid yw
ymdrechu, ac ymwthio am fyned ir nef, ac mewn vn peth,
drwy anglod a chlôd : ac os ymroi ditheu i wasanaethu
Duw, ti a gei glôd ganddo ef, a chlod gan rai da : ond y
mae yn rhaid i ti ymroi i ddwyn yn orau ac y gellych anglod,
an'air, gwawd a gwatwor gan rai drŵg. Canys ni elli
ddiangc rhagddo ; ni châr y byd ond yr eiddo ei hûn.

Ai anhawdd gennit dreulio amser yn y gorchwyl hwn,
nid rhaid it golli dim amser a waethygo arnat, neu a rwystro
dy orchwylion bydol yn eu prŷd : y mae'r nos yn hîr y
gaiaf, a'r Suliau, a r gwyliau yn hîr yr hâf ; gad ymmaith y
twmpath chwareu, a'r bowliau, a r tafarnau, a'r bêl-droed,
a r denis, a'th negeseuau ; gwna y pethau hyn yn weddol ar

dy ddiwrnodau dy hûn, o bydd achos : eithr gwasanaetha
Dduw ar ei ddydd ei hûn ; ac onid ê, efe a ddigia wrthit,
ac i ba le y ffoi di rhag ddo ?

Ai blin gennit ymmadael ag ychydig arian i brynu llyfran
bychan, ni chŷst ond y chydig ? Mi â wnn yn yspys dy fod
yn rhwydd galon yn talu yn ddrûd am dy beiriannau
ysmonaeth, a dodrefn dy dŷ i lafurio am bethau y bywyd
yma ; ac a rusi di er ychydig, ddarparu am fywyd sydd
well ? y mae gennit gleddyf ar dy glûn i fyned i ffair, a
marchnad, rhag dy friwo dy hûn, ac i friwo dy elyn ; mae'r
cleddyf ysprydol i gadw dy enaid, yr hwn sydd a mwy
taro arno i ba le bynnag yr elych, nac ar dy gorph ? Y
mae yn hawdd gennit roi arian i'r cerddor ar y suliau, a r
gwyliau i ladd eneidiau dy blant, ac oni roddi di ddim i w
hachub ? fe fedr y Treccyn hwnnw dynnu oddiwrthit wobr,
a chyflog am ddianrhydeddu Duw, a gwasanaethu diafol
ar y dydd Sabboth ; a'm fod yn debyg i Ieroboam yr hwn
a bechodd, ac a wnaeth i Israel bechu : neu'r Brenin Darias
yr hwn a cherddoriaeth a hudei y bobl i gaudduwiaeth :
gâd i minnau gael gennit y gêd hon o haelioni ; sef prynu
y chydig lyfrau bychain o'th iaith a'th ddeall dy hûn i
gyssuro dy enaid pan na allo yr holl fyd ddim llesâd i ti.

Ai ni fedri di ddarllain Cymraec, na neb o'th dŷ chwaith ?
O, beth â ddywedaf wrthit, ond Duw a'th helpio druan ;
pa fodd y gwasanaethi di Dduw gan na fedri ddarllain ei
air ef. Dysc yn gyntaf y gellych, neu bâr i ryw un o'th
dŷ ddyscu darllain, a dysced y lleill gan hwnnw : Mi a
gymmeraf arnaf osod y dyn ieuangc a fynnych (yn enwedig
o bydd efe hyddysc) ar ffordd gymmwys i ddyfod i ddarllain
o honaw ei hûn yn adrybelydr, yn ôl cymmeryd o honof
ychydig boen gyd ag ef tros vn wythnos. A pheth yw
hynny wrth y llesâd a ddichon dyfu oddiwrtho ?

Rhag dy syfrddanu yn rhyhir : Am athrawiaeth y llyfr hwn, dal arno, ac ystyria o honaw fel y darllenych ; O bydd rhyw le yn dywyll i ti, darllen hwnnw yn fynych trosto, ti a ddeui i w ddeall o'r diwedd.   Eithr gwybydd hyn, fod y pethau gorau ynddo yn y canol, ac tu ag at y diwedd.

Am ddull yr ymadrodd, mi a wneuthum fyngoreu ar ei osod ar lawr yn wastad, yn ddigeingciog, ac yn rhwydd i w ddeall, lle y methodd gennif gwplau hynny, maddeu i mi fy-ngwendid, a chymmer fy ewyllysgarwch yn lle gwaith a fai gwell : ond hyn, geiriau an-arferedig a ochelais yn oreu ac y medrais, gan ymfodloni a r cyfryw eiriau sathredig, ac y mae cyffredin y wlâd yn gydnabyddus â hwynt, ac yn yspys ynddynt.

Am y print, nid ydyw yn ddi fai er a ellais : Eithr yn rhyw fan y mae llythyren yn ddiffyg, mewn man arall yn ormod, a rhyw air yscatfydd allan o'i drefn : rhai o'r beiau hyn a ddiangasant gan y Printiwr, yr hwn oedd anghyd-nabyddus a'r iaith : a rhai gennif fy hûn er craffed yr oeddwn ar fedr bod ; diwygia di yn ddiddig, attolwg a'th bin yr hyn â welych yn feius. Y synhwyreg, a dalltwriaeth y rheswm a ddengys i ti yn hawdd beth a ddylei fod. Mi â amcanaswn chwanegu at ddiwedd y llyfr yma fagad o weddiau, i w harfer ar amryw fâth ar achlyssur, ac achosion; eithr y mae yr 'Ymarfer o Dduwioldeb' ynteu tan y Print-wasc, ac yn bryssio i ddyfod i wlâd Gymru cyn y gaiaf ; O ddi-yno y gelli di gael beth bynnag a ddymunech.   Dyna wr bonheddig yn treulio ei amser yn weddol, ac yn ganmol-adwy, gan wneuthur gwasanaeth i Dduw, daioni i w wlâd, a llesâd mawr iddo ei hûn drwy gyfieithu y llyfr godidog hwnnw. Pe cymmerai foneddigion ieuaingc ein gwlad ni ryw gyffelyb orchwylwaith duwiol, a buddiol, i dreulio eu hamser arno, ni byddei anllywodraeth, a rhysedd yn cael cymmaint rhwysc: Na gwir Grefydd uniawn-grêd yn cael cyn lleied brî, a chymmeriad; ac ni byddei occreth yn yssu ac yn bwytta y naill ddarn o'u tiroedd, na thafarndai, a mŵg Tobacco, yn yfed y darn arall.

Bellach y darlleydd hawddgar bydd iâch: a chofia hyn: Pa lesâd bynnag a gasclech oddi ymma, dyro y Gogoniant i Dduw, ac yna y tyccia i ti yn well y peth a ddarllenych. A Duw a'th fendithio a phob rhâd angenrheidiol; i'r hwn i'th orchymynnaf.

> O'm stafell yn Ffoster-lân yn Llundain
> yr Vgeinfed o fîs Medi. 1629.
>
> Yr eiddot yn yr Arglwydd,
> R. Ll.

K

XIX. DAVID ROWLANDS

Disce Mori Neu Addysg i Farw
1633
[*llawysgrif N.L.W.* 731]

Att y Darlleûydd ystyriol duwiol.

Peth arferedig yw cyfeithio a throi gweithredoedd duwiol gwyr da defosionol o r naill iaith i iaith arall er chwanegu gwybodaeth, er egorud deall, ac er pureiddio moesau da ac arferau christianogaidd, fel i mae yn eglur, ac yn ysbys i ni, gyfeithio o lawer, ac nid ychydig, llyfrau Saesonaeg yn Lladin, llyfrau Lladin yn Saesonaeg, o Roeg yn Lladin, o r Ffrangeg i eithioedd eraill, fel y gwele y cyfieuthudd yn gymmwys, er chwanegu deallwriaeth gyffredinol y darlleu-ydd : yr hyn beth a fû ddiethr ac estronaidd yn ein mysg ni y Cymru, hyd o fewn yr ychydig ddyddiau hyn, y pryd a darfu i Dduw o i dostiriol gariad, a i hoffus serch i n gwlad, annog meddyliau cristianogol gwŷr gwir grefyddol i dorri r glwyden ia a oedd gwedi fferru, ceulo, a gorch-giddio y dwfr bywiol o n golwg fel na chae ein heneidiau sychedig vfed o honaw. Duw (meddaf) o i radlawn ewllusgarwch, a annogodd y gwŷr duwiol hynn, i wneuthur brisg i r oesoedd a ddae yn ôl, ac i gyfiaethu yr scythur gysegrlan, sef y Beibl Bendigaid, llyfr Duw i hûn o iethioedd diethr i ni, i r iaith Gymraeg. A hyn a wnaed yn bennaf drwy lafur, poen a gofal y gwiw barchedig Dad, William Morgan, esgob duwiol Llanelway, a Master Edmund Price Archiagon Merionydd fy athro da i am hyfforddwr ac eraill, gwŷr bycheddol, cristianogaidd. Ar ol i r rhai hyn orphen i gyrfa daearol yn heddychlawn, y cyfododd

Duw, er addysgu eraill, ac egluro yn amlycach yr iaith, y gwr
sanctaidd llên a gorshibiol Doctor Davies, yr hwn a bur-
eiddiodd, a iawn drefnodd ac a berffeiddiodd yr iaith hon,
fel i mae i amal lyfrau dysgedig, a i weithredoedd duwiol-
aidd yn ysbusu i ni, ac os Duw a wêl yn dda, poed hir a
parhao ef (er chwanegi i Dduw ogoniant) yn i fyfyrdodau
sanctaidd-bur.   Y gwŷr hyn (meddaf) ymysg eraill, megis
yr adailadwyr pennaf (tan Dduw) a hyfforddiasant ac a
ysbusasant i eraill, y ffordd yr oedd iddynt hwythau yn i
grym a i gallu roddi i hesgwyddau tan y gwaith, i adgy-
weirio rhwygfeuydd muriau Sion : ymysg yrhain y mae yn
ein bro a n parthau ni yn gyfagos, (pwy sydd miawn
mannau a chyrrau eraill o r wlad nis gwnn ac nis adwen)
o fewn yr ychydig ddyddiau hyn, gwedi dangos eusus i
hewllus da i r iaith a i gwir serch yw gwladwyr, fel i mae i
gwaith yn dangos i r Cymru, sef y gwiw barchus len a
dysgedig athro Mr. Hugh Lewes, yr hwn a gyfiaethodd
lyfr godidog i r iaith Gymraeg ac a elwyr Perl Miawn
Adfyd.   Ar ol hwn myfi a henwaf y llên dysgedig Mr. Robt.
Lloyd Vicar Chwaen yr hwn a droes lyfr duwiol i r iaith
Gymraeg ac a elwyr Llwybr Hyffordd i Deyrnas Nef, a r
llyg gorshibiol Mr. Rowland Vaughan, yr hwn a gyfiaeth-
odd lyfr sanctaidd o waith y gwiw Barchedig Dâd, Lewes
Esgob Bangor, a i enw yw Ymarfer Duwioldeb.   A
llawer o wŷr dâ eraill yn ddi os sydd miawn mannau eraill ar
Gymru (a Duw a i hamlhao) yrhain a fŷ ac y sydd yn wŷr
poenus, duwiol, yngwinllan yr Arglwydd.

Mi a chwenychwn finnau (ddarlleuydd duwiol) er nad
wyf miawn vn modd, (nac wyf o r ganfed ran) i m cyfflybu
i r anenwoccaf o r gwyr vchod, attolwg i ti i r wyf er hynny,
cûd-ddwyn a m gwendid.   Mi a ddoedaf fel i doedodd yr
hen fardd gynt

sic parvis componere magna solebam
yn ddifarn heb ddig, heb nâd
gwnaed yn ddi-wâd gyfflybiaith
rhwng pethau sal a fydde ar gil
a phethau mawr, fil canwaith.

Mi a chwenychwn finnau (meddaf) ysbysu i ti, yn ol y
dalent a roddodd Duw i mi, fy ewllus da im gwlad am
tueddiad anwylâf i iaith fy mam a hynny drwy anfon
attatt y llyfr duwiol ymma, syn dysgu y ffordd i farw yn
duwiol, ac yn gristianogaidd o waith gwr (yn ddiammau)
gwir dduwiol sef Mr. Cristopher Sutton defein crefyddol
poenus or ddinas vchel-fraint Rhydychen, yr hwn pan
ddarllenais i drosto, myfi a dybygais, o ran y godidog
athrawiaethau, ar diddanol gynghorion, sydd yn gynhwys-
edig ynddo, y galle lawer yn ein gwlad fedi, a chynnill lles
a bydd nid bychan oddiwrtho ond i fod miawn iaith a
ddehalle r Cymru anysgedig, gwedi i gyfiaethu : gobeithio
hyn sef büdd im gwlad-wyr, a wnaeth i mi fel i gweli, gar
dy fron i gyfiaethu yr hwn waith.   Myfi a gyffesaf, (ac nis
gallaf amgen) nad yw i driniad yn gwbl hwylus-lawn wrth
fy modd am nad wyf gyfarwydd yn yr iaith o eisiau geiriau
sathredig o Gymraeg i lawn yspusu r Saesonaeg, na chwaith
cyfarwydd yn i scrifennu, o achos na arferais i scrifennu
fawr yn yr iaith, ac na ddaeth im llaw nemawr o hen
lyfrau Cymraeg, fel y gallwn ni iawn graffu ar y syltae.   Er
hynn, na lwyr euog-farna fi, nag am fy rhyfig yn yspusu iti
fy anghyfarwyddud, nag am fy anwybodaeth yn yr iaith,
ond yn hyttrach, cud-ddwg am gwendid, a gwybydd mal
i doedodd yr hen fardd gynt

nil est ab omni parte beatum

nid oes odid o waith dyn yn y byd mor gyflawn berffaith
ar nad oes diffig ynddo.   Er bod fynghyfiaethiad i yn ddi-
ffygiol, ac yn feius o ran yr achosion vchod, ac o ran

achosion eraill, etto rwy fi yn gobeithio, fel y rhoddes Duw
ynot galon Gristianogaidd, felly y berni amdana-fi yn
Gristianogaidd ac yn frawdol. Os gwneuthum i gam a r
awdwr miawn modd yn y byd, i r oedd hynny yn dangos fy
anwybodaeth ac yn ysbusu fy anghyfarwyddyd. Nis
gwneuthum i mo hynny drwy wybod i mi, nac o m bodd.
Os gweli fai arnaf roddi cymmaint o rimynnau a cherdd
ben-rhydd yn y gwaith, ni wneuthum i mo hynny nac er
dangos awen na dysg, ond gweled eraill yn y cyfryw
waith yn gwneuthur felly sef troi y sententiau Lladin, yn
bennill Cymraeg fel y galle y sawl a i clywe, ac ai darllenne,
yn haws i dwyn nhw gida g ef, a i dysgu i eraill. Gobeithio
i r wyfi, oni wneyff hyn lês, na wneiff hyn niwed i neb.
Ar vn gair, os gweli di ddim a eill wneuthur i ti nac i
arall leshâd, cymer, derbûn, a chyhoedda hyn i bawb, a
dyro i Dduw y glod a r diolch. A lle i gweloch di beth yn
amherffaith, yn amur, ac yn feius, ac a diffigiau ynddo,
gwna dy orau ar i berffeithio, ar i buro, ar i ddifeio, ar i
orchgiddio, gan feddwl mae dyn wyt dithau, a phan i
bytho atnat ddiffig neu fai mi a wn a chwenychitt di i
eraill gud-ddwyn ac ef. Dod dithau i arall yr un mesur a
chwenychitt di i gael gan arall.

Ac felly y gorchmynnaf di i Dduw, drwy ddeysyf, erfun,
ac attolwg cael dy gud-weddi ddiffuant dros yr eglwys, a
thros bob aelod o honi, att Dduw, ac ar iddo ef roddi i
bawb ohonom ni i ras i fyw yn i gariad, ac i farw yn i ofn,
fel pan ddelo amser ein ymddattodiad, y bôm ni barod i
ymado yn hwyluslawn a r byd er mwyn mwynhau
tragwyddol ogoniant yn y byd a ddaw, yr hyn a ganiadhao
Duw i ni i gid.

                                                        Amen.

XX. RICHARD JONES

Testun y Testament Newydd
1653

At y Darlleydd.

Nid yw yn anhyspys i r byd (Anwyl Gydwladwr) yn enwedig i r rhai llythrennog, ddarfod i wyr dyscedig yn yr oesoedd gynt gasglû ynghyd y prif byngciau o r holl Beibl, pob pennod ar ei ben ei hun, ag i eraill, ar ei hôl hwythau, er mwyn helpio coffadwriaeth y darllennydd drefnu talgrynniad ô hynny mewn cynghanedd. ond gan fod hynny ô brydyddiaeth yn Lladin, neu mewn rhyw iaith arall dieithr anhyddallt i r rhan fwyaf 'o r cyffredin bobl ô Gymru, y rhai sydd awyddûs iawn i ddyscu pob math ar gerddwriaeth â ddeallant) ag ô ran nad ydyw yr adnodau, lle y mae yn anodd i ûn dyn ar gais ddeall llawer ô honynt hwy, ag yn bennaf, gan ddarfod i m Harglwydd a m Duw ymweled am fi (ymysc eraill o m Brodyr) a i dadol gerydd yn gyfiawn am fy meiau, fy nifuddio ô ran etifeddiaeth plant Lefi *Genes.* 47. 22. a m gwahardd i ddilin swydd fyngalwedigaeth Myfi (ûn ô rhai gwaelaf yng-weinidogaeth yr Efengil) rhag fy 'nghyfrif yn ail i r gwâs diog difudd a guddiodd ei Dalent *Mat.* 25. 26. a ryfygais gymmeryd hyn ô dasc yn llaw, ag nid yw yn anghymmwys gennyf dy wneuthur di (y Cymro deallgar) yn gydnabyddus o r môdd â arferais yn hyn o beth, mal os gwyddost fod ûn ffordd well i beri i th gydwladwyr ymroi yn ddyfalach i chwilio'r Scrythyrau, y gallont gael y chwaneg o oleuni oddiwrth lewyrch dy gannwyll di. Ar y cyntaf mi a gesclais ynghyd gymmaint ag â fedrais ô amrafael waith

eraill ar y testûn hwn, â chan gyd-ystyried pob ûn or
nailltu mi a ddilynais yr hwn â welwn oreu, a chyflawnaf
yn gosod allan ystyr pob cyfryw bennod, weithiau y naill
weithiau y llall, a chan ddarllain, â dyfal synied pob adnod
o r scrythyr lle yr ydoedd peth, ymbell bwnck nodedig
weithiau (fel y mae i w weled) wedi omittio, mi a i
cyflawnais (ond odid) a rhyw air neu gilidd, fel y gellir ei
ddirnad, ag yno mewn Egwyddoraidd drefn mi â gymhwys-
ais Bennill Cymraeg am bob pennod mewn mesur cyffredin-
ol, mal y galleu y sawl a ewyllysiant yn hawsach ei ddyscu,
a i gofio, heb ddal cymmaint ar gywreintrwydd cerdd, ag
ar ymegnio i roi cywirdeb geiriau cyfattebol i r Scrythyrau,
mal y gallo y rhai bychain, pa un bynnag ai mewn gwybod-
aeth a i oedran, yn hawsach eu dyscu a i cofio, ag er annog-
aû y rhai sydd anllythyrennog i ddyscu darllen eu cyffredin
iaith eu hunain ag i ymarfer â geiriau y Scrythyr lân, yn lle
ofer, wâg ganniadau bydol, difuddiol i iechadwriaeth eu
heneidiau. Ag er mwyn hyny y mae'r Egwyddor ymma
wedi ei gosod. Nid yw hyn o Lyfr, ond bychan : ag etto,
os gwnei y goreu ô hono, fe ddichon fod i ti yn Berl
gwerthfawr, Mnemosynon yw, peth, trwy ychedig boen,
neu yn hytrach bleser y cei di lawer o ddifeinyddiol wybod-
aeth. O digwydd fod ymbell sentens, neu air heb i ti ei
ddeall ar y cyntaf, mae wrth y llythyren ddiweddaf ô hono
yr adnod wedi nodi, lle y cei'r eglurder am dano, pan
gyfarfyddech a r cyfriw un, mi a ddymunwn arnat, nad
oedech droi atto yn y Scrythyr, a phan ddarffo i ti unwaith
ei ddeall trosto, da fyddeu i ti ei ddyscu ar dy dafod leferydd
mal y cofit yn well y pethau â ddarllennaist, ag yno, y bydd
hwn i ti, fell cyfaill difyr, ple bynnag y byddech, os cei fûdd
ô hono, dôd y gogoniant i Dduw, a derbyn ef, mal tystiol-
aeth o m ewyllysgarwch i'th hyfforddio tuag at ben dy

nefol yrfa, am gweddi yw, na allo dim dy rwystro nes i
ni oll gydymgyfarfod yng' Ghaersâlem oddiuchod, poed
gwir fo, dyweded yr hwn sydd oll yn oll. Amen.
        bydd iach.
            Ydwyf
            Dy gydwladwr
                a th Ewyllysiwr da.
                        R. J.

XXI. RICHARD JONES

Perl y Cymro Neu Cofiadur y Beibl . . .
1655

At y Darlleydd.

Trefn mewn addysc (medd Athro dyscedig)[1] sydd
werthfawroccach nag mewn byddin. Ar peth a ddysco un
o i ddechreuad, a ymlyn wrtho hyd ei ddiweddiad. Wrth
ystyried y ddau beth hyn, mi a welais yn dda i mi ddiwid-
geisio cyflawni y cyntaf, yn y perwyl hwn, fal y byddeu
yn annogaeth fywiol i iefiengtyd i ddechreu yn dda : sef
dyscu gwersi o ddifynyddiol athrawiaeth, a hyny ar gân
(o herwydd fôd pawb, gan y mwyaf, yn chwannog i
dyscu pôb math ar gerddwriaeth) yn lle gwâg ganiadau
bydol difuddiol i iechadwriath eu heneidiau, gan ewyllysio
eu cynnydd mewn grâs hyd ddiwedd eu hoes : I hyn o
beth y detholais ugain llythyren, yn ôl trefn yr Egwyddor,
Q. yn un or heini, i ddechreu geiriau sydd yn gymhwysach
yn gofyn yr Hebraeg ק, K, neu כ (yn ol arfer yn hên Feirdd)
na כ, C, fal y byddo dechreuol lythyren pôb Pennod yn
anghyfnewidiol, o ugain bwygilydd trwy 'r holl lyfr,
sef A, yn dechreu y gair cyntaf or pennill, am y Pennod
cyntaf. B, yr eilfed. C, y trydydd etc. Y, yr ugeinfed,
Trachefn A, yr 21. B, 22. C. 23. A, 41, B, 42, etc.
fal y mae i w weled : y llythyren ddechreuol a th hyfforddia
i gofio'r gair cyntaf o bôb pennill, a r gair y llinell, a r
gynghanedd ynddi, yr ail llinell, a hynny yr holl bennill,
llyma fordd ddisathredig, lle y gelli weled llûn Emrodr
mawr mewn darn o arian bychan, y byd ehang a mewn byr

---

[1] *Ymyl y ddalen* : *In disciplina plus est ordo quam in ipso exercitu.* Florus

gwmpas, cnewyllin yr Scrythur lân wedi 'dalgrynnu, mal y gelli ganfod llawer ar un golygiad, ac yn hawdd gofio y peth a ddarlleniaist o honi. Tu ag at am y mesurau, y maent oll ar fesur y Psalm gyntaf, ond yn Psalmau Dafydd y mae cynhwysiad pôb Psalm ar y mesur priodol y darfu i Edmund Prys Arch-Diacon Merionydd o anrhydeddus goffadwriaeth gyfansoddi y Psalmau yn Gymraeg, mal y dichon un, neu gynlleidfa gyd-ganu (os myn) y Cynhwysiad, o flaen pôb Psalm etc.

Ond os rhoi im herbyn fôd prydyddiaeth yn rhy salw i drin ddifinyddiol ddefnydd, ac heb Scrythyr-awdurdod, fy atteb yw fod, 1 Moses, 2 Deborah a Barac, 3 Hanan, 4 David, 5 Solomon, 6 Esay, 7 Zachari ac Elizabeth, 8 hên Simeon, 9 a r Forwyn Fair, a phawb er ioed a lefarasont wrth Dduw mewn caniadau, cytgerdd, neu brydyddawl ddiolchgarwch, a ddichon dy fodloni di, fy escusodi innau, am dwyn allan yn ddiargoedd yn hyn o beth.

(1) Ex. 15.1   (2) Barn. 5.1   (3) I Sam. 2.1   (4) Psal: oll
(5) Can: oll   (6) Esay 26.1   (7) Lu. 1. 42, 68   (8) Lu. 2.34
(9) Lu. 1.46

Nid yw Eneidiau, ac Anian pawb o r un rhyw dymmer, y mae rhai mor gynghaneddgar, megis ac y chwennychent un linell o ddifinyddiol gân, o flaen cant mewn pyledig, drymlyd ymadroddiad : Er dichon o r rhain adeiladu, etto nid ydynt yn gwresogi cimaint, ac felly y maent yn gadel amherffeithiach waith ar y Darlleydd : yn y cyfryw achosion, nid yw yn anghymwys i weinidog y gair ddilin Paul yr Apostol yn hyn yma sef ymwneuthyd ei hun yn bôb peth i bawb, fal y gallai yn hollawl gadw rhai. Yr un rhyw beth oedd fy mwriad innau yn cymmeryd hyn o orchwyl yn llaw a m gobaith yw, na bydd difwynawl.

Ehelaethrwydd sydd lesawl i ddeall, ond byrder i gofio, os cei di (y Darlleydd dyfal) lês o hyn o lyfr bychan dôd y gogoniant i r Prif-Awdur, oddiwrth yr hwn y mae pôb rhodd berffaith yn descyn, a deisyf yr wyf arnat gyd-ddwyn am dynawl wendid, a i dderbyn fal ped fai Berl gwerthfawr, yn dystiolaeth o m dyled-swydd tu ag at y wladwriaeth hon, a m ewyllysgarwch i th annog i gynnyddu beunydd mewn gwybodaeth nefol yr hyn yw gweddi

Dy garedig Gydwladwr,

a th was'naethydd yng-

weinidogaeth yr Efengyl,

Llanfair ynGhaer-Eingnion

 Kalend Awst 1655.   Rı : Jones

XXII.   ROWLAND VAUGHAN

Prifannau Crefydd Gristnogawl A Llwybraidd fodd
byrr o r Athrawiaeth o honi
1658

At y Darllennydd.

Fy anwyl gydymdeithydd yn y bererindod ferr yn hyn
o fyd, ti a ddisgwili (yn ol yr arfer) ryw gyfarchiad yn
nechreu pob llyfran : wele yma i ti brawf ar wyddorion dy
grefydd, dyna y peth rheittiaf yn yr oes hon (rhaid yw
croppian cyn cerdded) nid myned i lyfr yr offeren, ac yn
offeiriad hefyd, mal yr aeth llawer o Grefftwyr yn ddi-
weddar : fal dyma i ti waith amgenach offeiriad, vn vnion-
ddysg etholedig : os medrai yr vn om cydnabyddiaeth i
errioed ddeall neu ddirnad pur ddiwehilion ddysgeidiaeth :
Ychwaneg o lyfrau eraill i gynnerthwyo yr vniongrefydd
Gymru a gyfieithais i ac a brintiwyd yn ddiweddar, eithr
os vn or grefydd newydd wyt ti, ath cydwybod wedi ei
serrio, ath clustiau mal y neidr fyddar, wedi dy rybuddio
unwaith neu ddwy, etto heb amcanu bwrw ymaith dy
gau grediniaeth, ymdrobredda yn dy fryntni yn oestadol.
Nid i ti y scrifennais ac y cymreigiais beth o waith Doctor
Prideaux Athro r Gadair yn Rhydychen, a Doctor Brough,
a Doctor Main (rhai a hyderid arnynt am ddeongli Gair
Duw yn yr oes ddiwaethaf).   Ond pan aeth y Rhwygwyr,
Ysprydwyr, y crynwyr, y gwrthfedyddwyr yr Anghrogyn-
niaid a r crogynniaid o bresbiteriaid i wrteithio r Efengyl
ac i hau eu hefrau, ac i haeru yn haerllyd mai hwnnw yw r
gwenith gorau, ac wrth fin arfau i anrheithio yr Ecclwys
a i Gweinidogion, y da a r drwg, mi welwn yn fadws i

minnau am cleddyf coch, wedi methu r glas, anturio
gymeryd Cryman i dorri ymaith y dreiniach, a r mieri, a
dderchafodd i oresgyn ac i orchfygu y gwinwydd melysion;
ac er mwyn i ti (ddarllenydd mwynaidd) ofalu am ochel y
gau brophwydi a r brydwyr ynfydfodd hynny, a dilyn yr
vnionlwybr y gweli di ei ddechrau yna, yr scrifenwyd hyn
gan dy gydwladwr

Parod i th wasanaethu

Row. Vaughan.

XXIII. RICHARD JONES, DINBYCH

Galwad I'r Annychweledig . . .
Oddiwrth y Duw Byw
1659

At bawb o Gymru vchel ac isel, caeth a rhydd,
gwryw a benyw ; Annerch.
Y Cymru anwyl,

Mae gresyndod a'r fy nghalon a llawer eraill, weled
cynnifer o honoch (megis gwyr Lais, *Barn* 18, 7, 10) yn
ddifraw ddi-ofal am ei'ch iechydwriaeth; heb ystyried
eich hunain y mawr berygl yr ydych chwi ynddo, nâ
choelio chwaith y sawl a fynegant i chwi ei'ch bôd mewn
perygl o golli ei'ch eneidiau yn dragywyddol, oddieithr i
chwi ddychwelyd at Dduw trwy Grist, fel y caffoch fywyd.
Er maint â ymbiliwyd arno'ch trwy gariad, a thrwy
ddagrau hefyd, ni fynnech chwi mo'ch iachau. A hyn
sydd yn torri calonnau llawer (a'r sydd trwy râs Duw yn eu
pwyll,) fôd ei 'ch calonnau chwi mor galedion ddiysgog,
er maint o boen â gymmerodd yr Arglwydd wrthych, gan
foreu godi ac anfon amryw gennadon, y rhai â arferasant
bôb rhyw foddion â'r â fedrent yn ôl eu Commisiwn i'ch
troi o dywyllwch i oleuni ac o feddiant Satan at Dduw,
Act. 26. 18. Weithiau megis Boanerges, *Marc* 3. 17 yn
taranu bygythion Duw i'ch erbyn am ei'ch gorthrwm
bechodau, neu yn hogi eu hymadroddion yn flaenllym i
geisio gyrru arswyd â'r ei'ch calonnau afrywiog, ac i'w
malurio; gan ddangos trem wrthyn a sutt ansuttiol y
pechod gar e'ich bronnau, ac agoryd dorau a rhagddorau
Vffern a'r tywyllwc'h eithaf, a golymmu llîd a digofaint

Duw'r dial, wrth fynych a gerwin grybwyll am y Barnwr digllon, a'r farn ofnadwy, a'm Tophet a'r llyn tân yn llosci â brwmstan, *Dat.* 19. 20 lle y caiff pechaduriaid anedifeiriol eu berwi, nes y byddo diben ar dragywyddoldeb. Weithiau megis Apollos yn eich cynghori yn nerthol. Weithiau yn ei'ch argyoeddi o bechod a bradwriaeth yn erbyn Duw'r nefoedd, Brenin y brenhinoedd ac Arglwydd yr Arglwyddi.

A chwithau er hyn ei gyd yn ddifraw ddigynnwrf â aethoch y'mlaen yn eich pechodau, 'gwrthodasoch dderbyn cerydd, gwnaethoch ei'ch wynebau yn galettach nâ chraig, gwrthodasoch ddychwelyd,' *Jer.* 5. 3. Ac nid oedd yr holl bregethau a bregethwyd i chwi ond megis bwledau o bapir at gaer o bres. Ac weithiau y buont yn teghàu, ac yn lluniarus bereiddio eu hymadroddion â hymnau hyfrydwch ; gan gymmyscu â hwynt rasol addewidion o nefol lawenydd i r edifeiriol : a dal allan Iesu Grist yn Iachâd ac ymwared yn erbyn pôb echryshaint ac afiechyd ; ai gynnyg ef i chwi megis Dawn Duw, yr hwn a wnaethpwyd i ni gan Dduw yn Ddoethineb, ac yn Gyfiawnder, ac yn Sancteiddrwydd, ac yn Brynedigaeth, 1. *Cor.* 1. 30. Yn eich mysc chwi yr Efangylwyd anchwiliadwy olud y Crist hwn, *Eph.* 3. 8 yn yr hwn y mae holl dryssorau doethineb a gwybodaeth yn guddiedig, *Col.* 2, 3. Eithr chwi-chwi ni fynnech m'hono ef, ond a'i casasoch ef, *Luc* 19. 14, 27. A'i gennadon hefyd, *Mat.* 10, 22. *Luc* 6, 22. *Ioan* 15, 18. A phan i'ch gwahoddent i wlêdd o bascedigion, a gwlêdd o loyw-win, o bascedigion breision, a gloyw-win puredig, *Isa.* 25, 6. a dangos fôd pob peth yn barod, *Luc* 14, 17. ac yn rhâd, *Isa.* 55, 1, nid vfyddhasoch ddim iddynt, ond â ddechreuasoch yn unfryd ymescusodi, *Luc* 14, 18.

Pan welais inneu eich bôd mor wallgofus anhywaeth â
hyn ; a ch bôd yn gwrthod ei'ch trugaredd eich hunain ;
A bôd y Prophwydi â gyfododd yr Arglwydd (yn ei fawr
drugaredd) o'ch meibion, *Amos* 2, 11 y rhai â glywsoch
chwi yn ei'ch iaith ei'ch hunain yn yr hon i'ch ganed chwi
yn llefaru mawrion weithredoedd Duw, *Act,* 2. 8, 11 yn
cael eu croesi yn lle eu croesawu : O wîr dosturi ar ei'ch
eneidiau ac ar ddeisyfiad rhai o'ch Bugeiliaid yn yr
Arglwydd, mi â anfonais Sais yn ei'ch plith mewn gwisc
Gymreig yr-hon a bwythais i yn oreu ac y medrais, i roddi
un 'larwm ychwaneg yn ei'ch gwersylloedd, i edrych â
ddeffroech chwi a dychwelyd at Dduw mewn pryd cyn y
bo rhy'wyr, Cans rhygâs pob rhy'wyr, fel y dywaid y
ddîhareb ; ac nid rhy'wyr un amser y mendio, a dychwelyd
at Dduw o ddifri ; O herwydd pan ddychwelo yr annuwiol
oddi wrth ei ddrygioni yr hwn a wnaeth, â gwneuthur barn
a chyfiawnder, hwnnw (medd yr Arglwydd) a geidw yn
fyw ei enaid, am iddo ystyried a dychwelyd oddiwrth ei
holl gamweddau y rhai â wnaeth, gan fyw, y bydd fyw,
ni bydd marw, *Esec.* 18. 27, 28. Ac yn yr unrhyw bennod
y mae yr Arglwydd yn tystiolaethu gan ddywedyd ; *Os yr
annuwiol a ddychwel oddi wrth ei holl bechodau y rhai a wnaeth,
a chadw fy holl ddeddfau, a gwneuthur barn a chyfiawnder, efe
gan fyw a fydd byw, ni bydd efe marw : ni chofir iddo yr holl
gamweddau a wnaeth, yn ei gyfiawnder a wnaeth y bydd efe byw,
Ezec.* 18. 21, 22.

Oh be'chaduriaid, cofiwch ac ystyriwch nad gwrad-
wydd yw gwellhau, ac na bydded yn wradwydd nac yn
wladaidd gennych chwi ymadel a'r peth hwnnw, yr hwn
yw gwradwydd a chwilydd pobloedd, sef y pechod, yr
hwn sydd yn atgâs yn gweithio yr anghydfod a'r dieithrwch,
ie y gwahaniaeth a'r gelyniaeth rhwng Duw a dynion, ac

sydd yn magu yr holl flinder a'r aflwydd ac sy 'yn digwydd
tan haul. Ie pechod â sylfaenodd Vffern, ac â osododd ei
chonglfaen cyntaf hi. Hwn â gasglodd ynghyd ac â
lanwodd y geubwll hwnnw â'r holl dân a brwmstan a'r
trysorau digofaint hynny, y rhai nis llosgir ac nis difeir yn
dragywydd.

Ah Syrs! mae yno boenau anesgorol ac anghyfartal;
pe gallech chwi yn ddyberygl osod ei'ch clûst wrth Uffern,
gan sefyll (megis wrth ysgîl pôst) i wrando llefaru am
bechod yn ei iaith ei hûn, chwi a gaech glywed iaith chwîth
gan blant hynaf colledigaeth; Ac ê fyddei cethin gennych
chwi glywed, beth a ddywaid Cain am lâdd Abel; A
Saul am erlid Dafydd ac offeiriaid Jehovah, a pha beth a
ddywaid Balaam ac Ahitophel am eu cynghorion ystrywgâr,
ac Ahab am orthrymmu Naboth, a Judas am frâd; A thrwy
ba erwindeb ac ochain, gruddfan ac ammhwyll y mae
holl williaid y fall yn crybwyll yno am y pechod lleiaf;
Ai possibl na chethniech chwi ac na ffòech (nid yn unig
rhag Vffern,) ond rhag y pechod hefyd yr hwn sydd yn
arwain i Vffern, ac ir lle poenus hwnnw. A phaham nas
gwnaech chwi hynny yn awr? Mae gwerth yn ei'ch
dwylaw: bydded gennych galon iddo; ac ystyriwch mor
rhwymedig y dylaech fôd i'r Arglwydd yr Odfa ddaionus
yr ydych chwi yn ei chael; am fôd yr amser cymmeradwy
a dydd grâs ac Iechydwriaeth etto yn parhàu, ac y gellwch
chwi fyw, os chwi a ddychwellwch. Mae'r Cythrael yn
gythreulic, ac efe a ddangosei i fôd felly, oni bai fôd
Sanct Israel yn ei ffrwyno ef, ni chaech chwi nac awr nac
ennyd.

Oh gan hynny dychwelwch, nac oedwch; rhac ofn i
angeu edrych yn gethin yn eich wynebau, cyn i chwi
edrych am dano ef, A bôd y dydd drwg yn y man nesaf

L

attoch, pryd y byddo'ch chwi yn ei fwrw ef bellaf oddi-
wrthych; A bôd ei'ch holl wrthryfel a'ch anwiredd wedi
eu gosod gar ei'ch bronnau mewn trefn, a chwithau heb
osod ei'ch teiau mewn trefn, na gosod ei'ch calonnau mewn
trefn gar bron yr Arglwydd, yr hwn sy *yn chwilio y galon, ac
yn profi yr arennau, i roddi i bôb un yn ôl ei ffyrdd, ac yn ôl ffrwyth
ei weithredoedd, Jer.* 17, 10.   A bôd y barnwr yn sefyll wrth
y drws; ac yn eich galw chwi i'ch cyfrif; cyn i chwi
wneuthur ei'ch cyfrifon i fynu; a'ch ystôr wedi ei dreulio,
a'ch amser wedi ei gamdreulio.   Pa hwyl! pa hawnt â
ddichon fôd ar ei'ch calonnau yn y cyflwr hwnnw? Ystyr-
iwch attolwg, a bwriwch ymlaenllaw beth â ddaw o honoch,
os ewch chwi ymlaen yn ei'ch pechodau; *canys cyflog
pechod yw marwolaeth, Rhuf.* 6. 23, *a'r enaid a becho, hwnnw
(oddieithr iddo ddychwelyd at Dduw trwy wîr edifeirwch Ezec.* 18,
21, 22 : 2 *Cor.* 7. 9, 10 *gan wrando arno ef, Esa.* 55. 3 *a
chredu yn ei fâb ef, yr Arglwydd Iesu Grist, Act.* 16. 31) ie,
hwnnw a fydd marw, Ezec. 18. 3.

Y Cymru anwyl, paham y byddwch feirw? dychwelwch,
dychwelwch o fewn corph y dydd hwn, tra y gelwir hi
heddiw : Hyn yw ewyllys a gorchymmyn Duw, hyn yw
ewyllys a dymuniad yr Awdur, hyn yw ewyllys a deisyfiad
y Cyfieithydd.

    Meh. 15.

      1659   Rich. Jones.

YR AWDURON

L2

149

Rhys, Siôn Dafydd. 1534—? 1609   63
    O Lanfaethlu, Môn. Efallai mai ef oedd y 'John David' a
fu'n aelod o goleg Eglwys Crist, Rhydychen, yn 1555. Bu'n
crwydro'r cyfandir, gan raddio'n M.D. yn Siena, a chyhoeddi
llyfryn ar ddysgu Eidaleg, ar gyfer ei gydwladwyr yn yr Eidal,
efallai. Erbyn 1579 yr oedd yn ôl ger Aberhonddu. Awgrymir
yn un o lythyrau William Midleton (Chwef. 1, 1582) iddo fod
yng Nghaerdydd am ysbaid cyn symud i'r Clun Hir.
    Mai 20, 1617, oedd dyddiad marw ei wraig, ac y mae'n bosibl
ei fod ef yn fyw'r pryd hwnnw. Y mae'n werth ychwanegu at
y rhannau o'i ragymadrodd sy'n sôn am ei helyntion ym
Mrycheiniog frawddeg Henry Vaughan mewn llythyr o
'Newton, St. Brigets' at Anthony Wood, Mawrth 25, 1689:
"the learned Dr. John David Rhesus : a person of great and
curious learning ; butt had the vnhappines to sojourn heer in
an age that vnderstood him not."

Robert, Gruffydd, tua 1522—tua 1600   46
    Cysylltir ef â Threfalun ym Maelor gan rai, â Llangadwaladr
ym Môn gan eraill.   Yn 1558 y penodwyd ef yn Archddiacon
Môn. Bu'n rhaid iddo ffoi i'r cyfandir yn Haf, 1559 ; efallai
fod cyfeiriad at ei grwydradau yn y cyflwyniad i'r Gramadeg.
Rywbryd rhwng 1564 a 1567 aeth i Milan, yn aelod o deulu
Carlo Borromeo, yr Archesgob. Ym Milan y bu am y
gweddill o'i oes. Ei lythyr at Rhosier Smyth, ?1596-7, yw'r
cofnod olaf amdano.
    Y mae peth amheuaeth ynglŷn â chysylltiad Gruffydd
Robert ag *Y Drych Cristianogawl* (1585). Barn ddiweddaraf
yr Athro G. J. Williams yw mai celwydd sydd ar y ddalen
deitl pan ddywedir mai yn Rouen yr argraffwyd y llyfr, a bod
y llythyr annerch wedi ei dadogi ar Ruffydd Robert.
[*Traddodiad Llenyddol Morgannwg*, 159.] Gwelodd John Penry
gopi o'r argraffiad a wnaed yn ogof Rhiwledyn, gan ddweud
nad oedd enw awdur wrtho. Gweler, hefyd, *Efrydiau Catholig*,
II, 12-13 ; a *Cofnodion Cymdeithas Hanes Sir Gaernarfon*,
1946 ; 15.

Dyma ran o ragair Rhosier Smyth sy'n dilyn y rhagymadrodd:
    Y mae blwyddyn bellach a chwaneg er pann ddaeth i m
llaw yn Nhir Phreinc lyfr Cymbraeg o waith yr Athro mawr
o Ddinas Fulan yngwlad yr Idal. Ewyllys yr Athro ydoedd
ddanfon y llyfr mywn scrifenlaw i blith y Cymbry. . . .
Rhag torri ar ewyllys yr Athro, mi a ddanfonais o Phrainc
i ynys Brydain vn copi o r llyfr mewn yscrifen law, ag
a gedwais gopi arall gyd a mi fy hunan yn Phrainc. Yn
y mann ar ol tirio r llyfr a dyfod yn hoeth ag yn anrhefnus
wedi ei wlychu gan fordwy a heli, i ddwylo Cymbry,
cafodd (fal y clywais) wisc yn ei gylch a i sychu a i

Tud.

ymgleddu. . . . Yna cerdded a wnaeth dros amser o law i
law drwy aml fanneu o dir Cymry, yn cael mawrbarch a
chroeso ymhob mann. . . . rhai yn deisyf ei ddarllain ;
eraill, yr hai nys medrent ddarllain, yn damuno clywed ei
ddarllain : y drydedd rann yn foddlon yw gopio a i
scrifennu, i gael aml gopiae i fyned ar hyd y wlad. . . .
. . . . mi a ganfuum mewn rheswm y gallei y Printwyr o
Phrainc brintio Cymbraeg yn gystal a Saesnec, gan fod y
ddwy iaith yn gyfddieithr iddynt. Ag ynghyferyd y
mawr nifer o lyfreu Saesnec a ossoded allan er pan lygrwyd
Phydd a Chrefydd yn ynys Prydein. . . . rhag cywilidd a
cholled i holl Gymry, cymesur a phrydferth y gwelwn
ossod a dodi allan vn llyfr Cymraec. . . . a Duw wedy
trefnu Printwyr mywn tref ar fin y mor yn barod er cyflog
i brintio Cymraec cystal a Saesnec : Mi a gymerais arnaf
(nyd heb gyfarch a chennad yr Athro) ossod mewn print
y Rhan gyntaf o r tair.

Rowlands, David. 1595—1640 132
    O Sir Gaernarfon. Bu yng Ngholeg Oriel, Rhydychen, ac
ar ôl hynny yn gurad i Edmwnd Prys yn Ffestiniog cyn cael
bywoliaeth Llangybi a Llanarmon yn 1624.

Salesbury, William. tua 1520—? tua 1595. .. .. ..5, 9, 44
    Mab Ffowc Salesbury o'r Plas Isa, Llanrwst, ond fe'i ganed
yn Llansannan. Bu yn Abaty Maenan, Llanrwst, a Broad-
gate Hall, Rhydychen. Yn y Cae Du, Llansannan, a'r Plas
Isa y bu ei gartref. Yr oedd yn fyw yn 1594.
    Y mae eglurhad ar yr anghydfod teuluol, y sonia Salesbury
amdano yn ei ragymadrodd i *Oll Synnwyr Pen*, yn erthygl
Mr. E. D. Jones, *Bulletin, Board of Celtic Studies*, VII, 137.
Ynglŷn â'i gysylltiad â llys yr esgob yn Abergwili, gw. *Bulletin,
Board of Celtic Studies*, IX, 108 : *Cymmrodorion Transactions*,
1941, 144. Wrth drafod *Oll Synnwyr Pen* dylid cofio hefyd am
lythyr Salesbury at Ruffudd Hiraethog : *Bulletin* : *Board of
Celtic Studies*, II, 113.
    Yn ei draethawd M.A. *Astudiaeth o Weithgarwch Llenyddol
William Salesbury* (1949) gwrthyd Mr. Alun Mathias y dystiol-
aeth fod Salesbury yn fyw yn 1594, a dadleua iddo farw cyn
1586.

Salisbury, Thomas. Tua 1567—? 1643 108
    Mab Pierce Salisbury, Clocaenog. Cymerodd brentisiaeth
fel argraffydd yn Llundain, Hydref 9, 1581, a digwydd ei
enw'n fynych hyd 1601 yng nghofnodion y 'Company of
Stationers of London.' Pedwar o lyfrau Cymreig a gysylltir â'i
enw, *Grammatica Britannica*, Henry Salesbury (1593) yw'r
cyntaf, a'r cyfieithiad anghyflawn *Basilikon Doron* (1604) yw'r
olaf. Y mae J. C. Morrice yn ei gysylltu â gŵr o'r un enw a
enillodd fri am farddoniaeth Saesneg yng Ngholeg yr Iesu,
Rhydychen.

    Mab John Vaughan, Caergai. Bu yn Rhydychen, fel y
    dengys un o'i gyflwyniadau yn 1658, ac ymladdodd o blaid y
    brenin yn y Rhyfel Cartrefol. Y mae'r dicter a welir yn ei ail
    ragymadrodd yn amlwg iawn yn ei gyflwyniadau a'i
    farddoniaeth, hefyd.

    O Sir Gaernarfon, fel y dengys y rhagymadrodd. Cafodd
    radd M.A. yn Rhydychen yn 1573, ac yna dilynodd gwrs
    meddygol. Yn y rhagymadrodd ei hun y ceir y darlun gorau
    o helynt ei fywyd yn Nhrefriw. Ym Mangor Mai 23, 1606,
    bu achos yn ei erbyn fel Pabydd, ac esgymunwyd ef Tachwedd
    12, 1607. Dylid sylwi, hefyd, ar erthygl yr Athro Thomas
    Parry, *Bulletin, Board of Celtic Studies,* IX, 108.

    Nid oes un enw wrth y rhagymadrodd i *Feibl 1630.* Awgrymodd
Moses Williams mai gŵr o Ddyffryn Clwyd oedd [*The Bible in Wales,*
28], a dywedir weithiau mai Robert Llwyd oedd—bu ef yn Llundain
ym mis Medi, 1629. Yr oedd John Davies, Mallwyd, yno tua'r
un adeg, hefyd. Ond dangosodd Miss Marjorie Hall [*Journal of the
Welsh Bibliographical Society,* II, 302] mai Michael Roberts oedd y
cywirwr proflenni.

NODIADAU

Ni ddiwygiwyd dim ar y testunau gwreiddiol wrth ddyfynnu ohonynt yn y rhagair.

Tud.

viii   *Persius: Saturae* V, 52,
   Mil mathau o ddynion sydd, ac i bob peth
   Amryliw ddefnydd: pobun a'i ddymuniad,
   Ar un gofuned ni bydd byw'r holl fyd.
     (Cyf. Thomas Jones, *Gerallt Gymro*, 1938, 3.)

  Thomas Powell: ymdrinir â'i hanes a'i waith yn fy erthygl yn *Journal Welsh Bibl. Soc.,* VI, 293 (Gorffennaf 1949).

x *Rhisiart Mostyn:* o Fodysgallen, uchel siryf Sir Gaernarfon, 1572; mab Thomas Mostyn. Canodd Gruffudd Hiraethog lawer i'r tad; gw. llawysgrif Mostyn 147, 336, etc.

xi *Y Diarebion Camberaec:* gw. traethawd Mr. Alun Mathias, 189–210. Ni all y dyddiad sydd yn y llawysgrif fod yn gywir—bu 'Hunfre Lloyt' farw ym mis Awst 1568—ac y mae tystiolaeth gref dros gredu mai rhwng Mawrth a Hydref, 1567, y lluniwyd y cyflwyniad. Sylwer ar ail gyfeiriad at 'Gruffith ap Ievan' ar dud. 30 uchod.

3   YNY LLYVYR HWNN . . .

  Cafwyd adargraffiad o'r llyfr yn 1902, gol. J. H. Davies, a dylid sylwi ar gyfeiriad Richard Davies ato, t. 24. Y mae ymdriniaeth â dyddiad cyhoeddi'r llyfrau Cymraeg cyntaf gan Syr Ifor Williams, *Journal Welsh Bibl. Soc.,* IV, 33, a chan yr Athro Parry, *Hanes Llenyddiaeth Gymraeg,* 170. At y ffeithiau a nodir yno dylid ychwanegu awgrym Mr. Alun Mathias fod Salesbury yn un o'i ragymadroddion, t. 12 uchod, yn cyfeirio at ymosodiad a wnaed arno rhwng Wrecsam a Holt, Ionawr 21, 1547.

  gwydyeu: pechodau; cf. 38 *gwyt.*

4 *oswaethiroedd:* cf. 59. Cyfuniad o *ysywaeth* a *gwaethiroedd.*

  dibwl: byddai *digwl*=difai yn well darlleniad.

5   A DICTIONARY IN ENGLYSHE AND WELSHE

  Adargraffiad, Llundain: The Cymmrodorion Soc., 1877.

  ai dderbyn eissoes: cafodd Salesbury a'i argraffydd drwydded y brenin i argraffu'r llyfr, Rhagfyr 13, 1546.

  nac goft: darll. *na r goft* neu *nac y gost.*

Tud.

6   *yr abwydir rhai bychain:* 1 Cor. iii, 2 ; cf. 44, 58.

    mwydion: briwsion meddal.

    vn ddywedtat: darll. *vn ddywediat.*

    [a] *adfeddylied: adfeddwl*=ystyried.

    belkyt: casglu; cf. 12.

7   *rayed:* awgryma Mr. Thomas Jones mai'r ferf Saesneg *ray* ('to put in order'), ffurf ar *array*, sydd yma.

    kyfleddfy: meddalu.

    eilio: plethu.

    cledr: post.

    plaid: pared, ochr tŷ.

8   *yn ach:* yn agos.

9   OLL SYNNWYR PEN KEMBERO

Adargraffiad, gol. J. Gwenogvryn Evans, Bangor, 1902.

    cyttal cydymddaith fordd: cyttal a=cyd-fyw, ymddiddan. Efallai mai *cyfeillgarwch* yw ystyr *cydymddaith* yma, yn hytrach na *cyfaill.*

    o Gymbry hyd yma: yn Llundain yr ysgrifennai Salesbury.

    y brith letreteis: brith ladrata=lled ladrata, hanner lladrata.

    ei deimlo: ei drafod; gw. *Gwaith Guto'r Glyn*, 320.

    digenetly: dirywio.

10   *gwladwri[a]eth:* yn *Efrydiau Catholig*, II, 50, awgrymir mai 'gwladgarwch' yw ystyr y gair, ond weithiau y mae'r ystyr yn llawer cyfyngach. Yn ei *Lyfr Rhetoreg*, llawysgrif Caerdydd 21, edrydd Salesbury amdano ef a chyfaill yn rhodio 'Ympowls yn Llundain, a sonio llawer tûac at Waladwrieth [sic] Vrytanaec, e kwynei na byddei mwy o ddysc ac athroaeth gan Prydyddion Kembry.'

    bregnach: darll. *bregliach.*

11   *sirmwnt:* trydar.

    bugat: sŵn, brefiad.

    trwyddet: cynhaliaeth.

    yn dalgrwn: yn gryno; cf. 136, *talgrynniad*=crynodeb.

    yn gwrachot= cwrrach = llyfr, cyfrol, casgliad o bapurau; cf. 114 'na charp o lyuer na chwrrach.'

12   *kyfflypwriaeth:* tebygolrwydd.

    a gatwydd: agatfydd=efallai.

    gwerchyr: '*A lydde*' (geiriadur Salesbury).

    ny ddylaf vi: dylyaf=haeddaf; cf. *e ddylye*=fe haeddai ; *dleyt* xii, *dylyedic* 68, 70, 76, etc.

Tud.

12   *trwy ddyual: dyual* = ? dyfalwch ; cf. 15 = ? gwneuthuriad.

     ae gwnio: ? a'u cysylltu. Sylwer ar y gymhariaeth debyg am adeiladu'r iaith yn llythyr Salesbury at Ruffudd Hiraethog, *Bulletin Board of Celtic Studies,* II, 116.

13   *ymgyffred:* cf. Ioan xxi, 25, yng nghyfieithiad Salesbury: 'na's gallei'r oll vyt amgyffret y llyfreu.'

     Merion Camberaec: < *mêr.*

     cyrtith: darll. *cyrrith* = crintach.

14   *weeu:* darll. *wedy eu.*

     John Heywod [*Heywood*]: (? 1497—? 1580). Cyhoeddwyd ei gasgliad diarhebion gyntaf yn 1546.

     Polydorus Uergilius: daeth i Loegr yn 1502, fel un o swyddogion y Pab. Ei feirniadaeth ar waith Sieffre o Fynwy yn ei *Anglica Historia* (1534) sy'n egluro'r frawddeg 'Kyd nad da i air i Cembro.' Caiff glod gan Salesbury yn *The baterie of the Popes Botereulx,* 1550.

     Erasmus Roterodamus: yn 1500 y cafwyd ei gasgliad cyntaf o *Adagia,* ond y *Chiliades Adagiorum,* 1508, yw'r casgliad enwocaf.

     nyd Riallu, etc.: amhendant iawn yw gwerth y gwahanol ffigurau; gw. *Canu Aneirin,* 216. Defnyddir *catyrfa* gan Salesbury yn ei gyfieithiad o'r Testament Newydd, Ioan xviii, 5 ; Actua xxvii, 8.

15   *pwyllwyt:* meddyliwyd; cf. 31 *yr vn bwyll* ; 41 *y pwyll.*

     rac lledle anyscorawl: rhag dinistr anorfod.

     ny ddeiridych: darll. *ddeiryd ych:* ni pherthyn i'ch.

     y odechwr: i lwfryn ; cf. *godechu* = cilio, ffoi.

     Honos olit: darll. *alit.* Y mae'r frawddeg gan Cicero, *Tusc.,* I, 2, 4.

16   *Cof am gariad taladwy:* gw. *Dafydd ap Gwilym a'i Gyfoeswyr,* 32. *dylÿu y* = hawlio oddi ar.

TESTAMENT NEWYDD 1567

     Ailargraffwyd *Llythyr* Richard Davies gan Charles Edwards yn 1671, a chan Peter Williams yn 1774. Ailgyhoeddwyd y Testament a'r rhagymadroddion yng Nghaernarfon yn 1850.

19   *yr Archfflaminiait:* dywedai Sieffre o Fynwy i'r *flamen* a'r *archiflamen* gael eu disodli gan esgob ac archesgob.

20   *Moyses:* Deut. iv, 5–8.

22   *Y Chrystynogaeth a ddug Awstin:* ar yr adran hon gw. erthygl Robin Flower, 'William Salesbury, Richard Davies, and Archbishop Parker,' *Cylchgrawn Llyfrgell Genedlaethol Cymru,* II, 7. A dylid sylwi ar eiriau John Foxe yn ei ragair i *The Gospels of the Fower Evangelists translated in the Olde Saxons tyme,* 1571, llyfr a gyhoedd-

Tud.

wyd o dan nawdd Parker: 'We understand by the edition hereof how the religion presently taught and professed in the Church at thys present is no new reformation of things lately begun, but rather a reduction of the Church to the Pristine State."

dyddio: ? cyfryngu.

23 *amryw vunydiae:* defodau, seremonïau.

24 *Scolan:* sylwer ar y cyfeiriadau ychwanegol ato yn *Llyfr Du Caerfyrddin,* 1907, 81; *Canu Rhydd Cynnar,* 368; *Harlech Studies,* 152; etc.

yr Efengylon a'r epystelay: Kynniver llith a ban, 1551.

27 *Arch Estefn:* gw. nodyn Henry Lewis ar *arch ystauen* (*Brut Dingestow,* 214). Iorwerth Fynglwyd biau'r cwpled, o un o'i gywyddau i Rys ab Siôn (cf. Llanstephan 134, 259).

28 *gwiscio:* masglu, tynnu'r plisgyn.

29 *dau arwydd:* y ddau sacrament a arddelid gan y diwygwyr, yn lle'r saith a geid gan Eglwys Rufain.

30 *pump llyfr Moysen:* gw. nodyn Thomas Jones, *Bulletin Board of Celtic Studies,* IX, 215.

31 *gyriat a chloedigaeth:* cf. 36 'cyrch a chloedigaeth.'

32 *ar aball:* ar grwydr.

Llefa yn groch, etc.: Eseia lviii, 1.

33 *y gwr bonheddig:* fe sylwir bod adran yn ymosod ar y gwŷr bonheddig yn y mwyafrif o'r rhagymadroddion, a da fydd cyfeirio at eiriau hanesydd diweddar yn sôn am 'intense litigiousness' gwŷr mawr y cyfnod, gw. Bindoff, *Tudor England,* 34.

Esai: pennod viii.

34 *yr ail gorchymyn:* gw. *Cylchgrawn Llyfrgell Genedlaethol Cymru,* IV, 108–9.

36 *i dowait Pawl:* Rhuf. iii.

Esai: lxiv, 6.

37 *hen ddyhenydd:* hen iawn.

38 *Gwaer effeiriait byt: Difregwawd Taliesin.* Gw. *Myvyrian Archaiology,* 1870, 78; *Poetry from Red Book of Hergest,* 1911, 27.

39 *Merddin Wyllt:* y dyfyniad cyntaf o'r *Cyfoesi,* gw. *Bulletin Board of Celtic Studies,* IV, 121, etc.; yr ail o'r *Afallennau,* ibid., IV, 122, etc.

argyweddu: ceryddu, beio; cf. 38 (ymyl y ddalen).

40 *ymwreddiat:* darll. *ymarweddiat.*

y Prydydd: Iorwerth Fynglwyd; gw. *Gwyneddon* 3, 1931, 58. *uban:* darll. *ubain* = llefain.

Tud.

41   *yn eu bregeth:* Actau xvii.

     odl oi waith: Titus i, 12.

42   *cydfoddaist:* darll. *cydsoddaist.*

44   *llaethwyt:* llaethfwyd ; cf. 44, *cyfryw laethpwyt.*

46   DOSBARTH BYRR

Adargraffiad (gol. G. J. Williams), Caerdydd, 1939.

    Aristoteles: y mae'n amlwg mai'r un cyfeiriad sydd gan Siôn Dafydd Rhys, t. 66, ac ailadroddir ef gan Gruffydd Robert yn y gramadeg, t. 12.

    disas: gwael, iselradd ; cf. vii.

    anhylwybr: anodd, cymhleth.

47   *ymgystlwng:* arddel, honni ; cf. *cystlwn*=ach, llinach.

49   Y DRYCH CRISTIANOGAWL

Un o dair rhan y llyfr a argraffwyd ; gw. tt. 56, 152. Y mae cyfieithiad cyflawn yn un o lawysgrifau Llywelyn Siôn—Caerdydd 3. 240 (gw. Williams, *Traddodiad Llenyddol Morgannwg*, tt. 159–60). Nid yw'r testun gwreiddiol—y mae'n bosibl mai cyfrol Saesneg oedd—yn adnabyddus.

51   *eiryf:* eirif=rhif, cyfrif ; cf. *aneirif.*

    vn gwr: Brychan ; cf. Lloyd, *History of Wales,* I, tt. 270–2.

52   *haychen:* haeachen=yn agos, bron.

53   *o ethryb:* o achos.

    yn ddiphrwyth ddiberth: darll. ? *ddiwerth.*

54   *y llynn:* fel hyn (> fellyn > ýllyn) ; cf. 33, *vellyn.*

57   *fynghyngyd:* cyngyd=bwriad, amcan ; cf. 66, 70.

    grwndwal: sylfaen (Saesneg *grund weall*).

59   *gnotaedig:* arferol, cynefin ; cf. *gnawd,* 59, 67, 82, *gnotaynt* = arferent.

    o r gwaith oddef: o fwriad.

    gwareth, etc.: Mewn rhai achosion cyfetyb i'r Saesneg *seton,* term llawfeddygol, 'a thread . . . drawn through a fold of skin so as to maintain an issue or opening for discharges . . .' ; cf. Lewis, *Glossary Welsh Medieval Law,* 159.

60   *Pan yw ofni r Arglwydd:* ? Job xxviii, 28.

61   *yn bryderus:* yn ofalus.

    cynhwynawl: brodorol, naturiol.

Tud.

63 CAMBROBRYTANNICAE CYMRAECAEVE LINGUAE INSTITUTIONES
ET RUDIMENTA . . .

Yn y copi hwn o'r rhagymadrodd ceisiwyd dangos y defnydd
arbennig a wnâi Siôn Dafydd Rhys o'r acen grom, ond dilewyd
yr arwyddion a ddefnyddiai i nodi treigliadau dechreuol.

64 *morr benhoeden:* mor wamal.

mor findlws: cf. 66, a brawddeg Ellis Wynne, 'cymhendod
mindlws.'

a chyfleu: cyfleu=gosod, trefnu.

i Gwcwalltieit: cwcwallt=gŵr a'i wraig yn anffyddlon iddo.

65 *a'i cyphelybu i Gostoc tomm:* daw'r un gymhariaeth ar 95 ;
cf. *Llyfr Blegywryd,* 211.

66 *fy ngortho:* fy amynedd.

ei grêth: creth=bwriad, anian.

67 *drwy ddrwg ddilaith: dilaith, dylaith*=dinistr, angau ; cf. 88.

yn rhîn: yn ddirgel, yn gyfrinachol ; cf. 68 *rhinoedd,* 72 *mywn
rhîn.*

i lynna: i ddiota.

69 *Pendêfic mawrddyscêdic:* Gruffydd Robert ; cf. cyfeiriad Morys
Kyffin, 92.

71 *syrth:* sylwedd ; cf. 77 *disyrth* ; gw. *Homilïau,* 1606, II, 21,
'syrth a chynhwysiad' ('the sum whereof').

72 *mall:* darll. *mal.*

73 *chwaith:* blas, tamaid, dim ; cf. *Iolo Goch ac Eraill,* 1925, 376.

74 *y Posfeirdd:* yn niwedd y gramadeg, 303, o dan 'Rhywieu
Cerdhorion,' enwir Prifardd, Posfardd, ac Arwyddfardd.
Y mae'r un rhaniad mewn llawysgrifau fel Peniarth 147, 216b
(tua 1566) ; gw. *Journal Welsh Bibl. Soc.,* VII, 23.

yn hyttraf oll: yn bennaf oll.

75 *ymadâra:* gan Thomas Wiliems, s.v. *ancupor,* ceir 'ymadara,
hely adar . . . ceisio drwy voddion estrywgar.'

a dremygynt y gwîr: fel Erasmus a Vives ac eraill o lenorion y
Dadeni tuedd Siôn Dafydd Rhys yw mesur llenyddiaeth wrth
safonau moesoldeb a gwirionedd ffeithiol; gw. Atkins, *English
Literary Criticism: The Renascence,* 60–1.

76 *ei Riêni:* ei gyndadau ; cf. 104.

77 *a gathoedwn:* gorberffaith 1 un. 'cael.'

i'r fuwch ddifiawc: difiawc=gwyllt, anhydrin.

78 *ceudawd:* meddwl.

ryw firginiaidd Furiâeu: buria=carcase, wretch.

Tud.

79   *i Lys Cynghor Cyphinyddion Cymry:* Cyngor Cymru a'r Gororau. Ei lywydd enwocaf oedd 'Syr Harry Sydney' ; cf. xii.

80   *i gylôra: cylor*=cnau'r ddaear.

81   *phy phy:* 'Fie ! fie !'

    yn ddiarchen: yn droednoeth, heb wisg.

    Tafida: afon Tefeidiad, Tefeidiog (S. *Teme*), a red heibio i Lanfihangel-y-Bugeildy i Hafren ; gw. R. J. Thomas, *Enwau Nentydd ac Afonydd Cymru,* 176–9.

    Mynydd Bannwchdêni: cf. Owen, *Pembrokeshire,* III, 1906, 322.

83   BARDDONIAETH, NEU BRYDYDDIAETH

        Adargraffiad (gol. G. J. Williams), Caerdydd, 1930.

84   EGLURYN PHRAETHINEB

    Adargraffiad (gol. G. J. Williams), Caerdydd, 1930.   Awgryma Mr. Alun Mathias i Perri weled copi Rhisiart ap Siôn (Peniarth 159) o *Lyfr Rhetoreg* Salesbury.

    dirgar: hoff iawn.

    yn ddiarab: yn ddoeth.

    rhusaidd: amheus ; cf. *torri'r rhus.*

    anllyfasus: difenter.

    anfethlic: llwyddiannus.

    byryw: bonheddig.

    amsodd: darll. *ansodd.*

85   *bylawch* < ? *llochi* = noddi, anwesu.

    anhyludd: dirwystr.

    difethl: dinam.

    anhyfing: darll. *anghyfyng.*

    ammhallnant: dihysbydd.

    anhysom: didwyll.

    yn ferthus, yn hyfygr: cf. *berth, mygr* = hardd, gogoneddus.

    adrybeddus: diamwys, sicr.

    hyfrawd: cyfiawn.

    digorni: ? dadrys, *unfold.*

    diblygu: 'unfolde' (geiriadur Salesbury).

86   *dirlon:* cf. *dir* = anorfod, sicr.

    notay: darll. *gnotáu* = arfer.

    hydalm: ? huawdl.

    yn gynrithawl: yn amlwg.

Tud.

87 *Ioan Salusburi:* cf. 114. Dilynodd ei frawd, Thomas, fel meistr Lleweni pan ddienyddwyd hwnnw, Medi 21, 1587, am ei ran yng nghynllwyn Babington ; gw. Griffith, *Pedigrees,* 222.

88 *anhepwedd:* sicr.

gorfufiawc: darll. *gorfuddiawc* (cf. 87 *grefyf*) < budd.

yn danlwyddieid: deiliaid, *subjects.*

89 DEFFYNNIAD FFYDD EGLWYS LOEGR

Cyfieithiad o *Apologia Ecclesiae Anglicanae* John Jewel (1562). Adargraffiad (gol. W. Prichard Williams), Bangor, 1908. Argraffwyd ef hefyd gan Charles Edwards yn *Dad-seiniad Meibion y Daran* (1671).

91 *Telid Duw:* gorchmynnol, 3 unigol 'talu' ; cf. *Dafydd ap Gwilym a'i Gyfoeswyr,* LXXI, 21.

Ortus nostri, etc.: byddai *vindicant* yn ddarlleniad cywirach. Gwyddai Henri Perri, mae'n debyg, am yr un dyfyniad, 84, a Thomas Wiliems, 111.

92 *neu goel gwrach,* etc. : dihareb adnabyddus ; cf. 'coel gwrach o'i heistedd' ; *barth,* llawr cegin.

92 *Legenda aurea:* llawlyfr Canol Oesol o lên eglwysig—bucheddau'r saint, homilïau, etc. Ei brif ffynhonnell oedd *Legenda Aurea* Jacobus a Voragine (1230/98), archesgob Genoa.

o'r fath gerdd gymraec: y mae llythyr Siôn Dafydd Rhys, yn amddiffyn y beirdd rhag cerydd Kyffin, yn *Efrydiau Catholig,* IV, 5.

cyfled llediaith, etc. : dylid sylwi ar erthyglau Syr Ifor Williams, *Y Traethodydd,* CI, 32 (Ionawr, 1946) ; CIV, 176 (Hydref, 1949).

97 PERL MEWN ADFYD

Cyfieithiad o *A Spyrytuall and moost Precious Pearle* Miles Coverdale, 1550 ; adargraffiad (gol. W. J. Gruffydd), Caerdydd, 1929.

manylfaisc: manylbleth ; cf. *masgu = to interlace.*

siapri: hwyl, sbri, coeg-ddigrifwch.

98 *vino vendibili,* etc. : un o *Adagia* Erasmus. Yn Saesneg fe'i cedwir yn y ffurf 'Good wine needs no bush.'

100 *gofwy:* ymweliad ; cf. 101, 113, *gofwyaw.*

102 *non verbum,* etc. : Horas, *Ars Poetica* 133 'nec verbo verbum curabis reddere fidus interpres' (ac ni ddymuni roi gair am air, yn gyfieithydd ffyddlon).

103 YSTORIE KYMRU
104 *rhyssu:* osgoi.

Tud.

105   RHANN O PSALMAE DAFYDD BROPHWYD

Adargraffiad, gyda rhagair gan Syr John Ballinger, Caerdydd, 1930. Sylwer hefyd ar y nodyn llyfryddol yn niwedd yr adargraffiad o *Basilikon Doron*, Caerdydd, 1931.

108   PSALMAE Y BRENHINOL BROPHWYD DAFYDD

Mr. Thomas Middleton: ei hanes yn *D.N.B.*, XXXIX, 440, gydag ychwanegiad diddorol yn *Cylchgrawn Llyfrgell Genedlaethol Cymru*, I, 83: brawd William a Syr Hugh Middleton; cf. 124 —ar Orffennaf 26, 1603, y cafodd ei urddo'n farchog.

109   *Escob Elwy:* William Morgan, hyd Medi 10, 1604.

Mr. Perkins, Mr. Smyth: William Perkins (1558–1602), Henry Smith (? 1550–91). Cyfeirir yma at *A preparative to marriage* (1591), *A Direction for the Government of the Tongue* (1593), a *Of the Nature and Practice of Repentance* (1595). Cedwir un o bregethau Smith yn N.L.W. 5264 (diolchaf i Mr. Geraint Gruffydd am y cyfeiriad hwn), a sylwer ar y cyfeiriadau at Perkins yn y nodyn llyfryddol yn niwedd *Basilikon Doron*, 1931.

111   TRYSAWR YR IAITH LATIN A R GYMRAEC

Yn 1607, medd y llawysgrif, y gorffennwyd copïo'r geiriadur. Dengys nodiadau Mr. R. J. Thomas yn *Baner ac Amserau Cymru*, Chwefror 11 a 25, 1948, fel y ceir llawer o hanes yr awdur, ei ddiddordebau a'i ragfarnau yng nghorff y gwaith. Diau y gellid ei gymharu yn hyn o beth â'r Dr. Johnson yn Lloegr.

eddi am garuan: eddi = edafedd gwehydd; *carfan* = *weaver's beam.*

morweisiat: yng ngeiriadur John Davies rhoddir 'morwysiaid,' 'clŷch y dŵr,' am *bullae* (*rain bubbles*). Gall olygu addurn neu dlws, hefyd, fel y dengys Thomas Wiliems.

yn gwbl vadwys: yn llawn bryd, yn weddus.

112   *Sal. par. pow.:* Henry Salisbury (1561–? 1637), awdur *Grammatica Britannica* (1593); dechreuodd lunio geiriadur Cymraeg-Lladin a aeth i feddiant John Davies, Mallwyd, yn ddiweddarach. Henri Perri (neu Parry), awdur *Egluryn Phraethineb*. David Powell (? 1552–98), awdur *The Historie of Cambria* (1584); cyfeiriodd John Davies, yn 1632, at fwriad Powell i lunio geiriadur Cymraeg.

beisio: rhydio, mentro.

brisc: ôl, llwybr; cf. 132.

swllt: trysor.

eiluyddu: dynwared.

Tud.

113   *nebun ysgentyn gan goet:* unrhyw ŵr ffôl.

     mâl: eiddo, cyfoeth (< Ffrangeg *mail* = ardreth, *rent*).

     ymgatewrach: yn y geiriadur cyfetyb i *confligo* = taro ynghyd, ymladd, cweryla.

114   *eu murnio a u celcu:* eu dinistrio a'u cuddio.

     Bibliotaphi: 'Claddwyr llyfrau' yw ystyr lythrennol y gair. Dengys Mr. R. J. Thomas fod Thomas Wiliems yn ailadrodd ei gŵyn yn y geiriadur.

     M. Mauric Wynn: bu farw Awst 10, 1580. Cafodd ei fab, John, awdur *History of the Gwydir Family*, urdd barwnig yn 1611, a bu farw yn 1626. Priododd Griffith Wynn, brawd Maurice, â Gwen Salesbury o'r Berth Ddu. Eu mab hwy oedd Hugh Gwynn.

     M. Edward Theloal (neu *Thelwall*) : o Blas y Ward, Sir Ddinbych. Bu farw Gorffennaf 29, 1610. Unir ef â theulu Gwydir trwy briodas ei fab Simon â Jane merch Maurice Wynn.

     M. Rob. Pugh: rhoddir ei hanes ef a'i deulu, a'i gysylltiad ag argraffu'r *Drych Cristianogawl*, 1585, yn *Efrydiau Catholig*, II, 11.

     M. John Edwards: yn erthygl Mr. E. D. Jones, *Cylchgrawn Llyfrgell Genedlaethol Cymru*, VI, 316–24, y mae llawer o wybodaeth amdano, am ei sêl dros Eglwys Rufain, ac am ei ddiddordeb geiriadurol. (Y mae'r erthygl hon yn eithriadol bwysig i unrhyw astudiaeth o waith Thomas Wiliems hefyd.)

     M. Rob. Holland: efallai mai'r cyfieithydd Robert Holland (1556-1622), ficer Llanddowror, oedd hwn ; gw. *Basilikon Doron*, 1931. Y mae ymdriniaeth gyffredinol a phenagored iawn â'r teulu Holland gan y Parch. Daniel Williams yn *Hugh Holland*, 1943.

     M. Gr. o r Cemeis: William Griffith oedd offeiriad Cemaes, Sir Drefaldwyn, o Ragfyr, 1587, hyd 1614. Bu rhannau o lawysgrif N.L.W. 5264 yn ei feddiant. Ai efe oedd hwn ? Ond wrth gofio am gysylltiadau Robert Holland temtir fi i gysylltu hwn â theulu enwog Pen-y-benglog yng nghwmwd Cemaes yn Sir Benfro.

     Wiliam Iarll penvro: Syr William Herbert (1501-70). Iddo ef y cyflwynwyd gramadeg Gruffydd Robert.

     ny phlychiai arno: ni chloffai, ni phetrusai ; cf. *Barddoniaeth Wiliam Llŷn*, x, 66.

115   *Iarll Caer Wrangon . . . ag Arglwydd Rhaglan:* Edward Somerset (1553-1628), y pedwerydd iarll, a'r 'earl marshal' pan goronwyd Iago.

     Syr Edward Stradling: o Forgannwg (1529-1609), noddwr Siôn Dafydd Rhys, ac iddo ef y cyflwynir y *Cambrobrytannicae Linguae Institutiones*.

Tud.

115 *Gwae vi mor druan:* o'r 'Odl Fraith' a briodolir i Daliesin; gw. *Myvyrian Archaiology*, 1870, 74b, etc.

116 *pan vo cwyn cynllwyn:* ibid., 115.

   dewin prouedic dywaid: o'r 'Cowydd brud yn ymofyn ba fodd i llithrodd y gerdd dafawd'; gw. Peniarth 77, 408; un o lawysgrifau Thomas Wiliems.

117 *Cilmin Troetu:* ohono ef y terddir ach Glyn Llifon; cf. *Morris Letters*, I, 275, etc. Y mae chwedlau gwerin amdano yn *Y Brython* (Tremadog), 1859, II, 200, 219.

   perbon: er.

   Horatius: Ars Poetica 360, 'verum operi longo fas est obrepere somnum.'

   y byt haearnawl hwn, etc.: yr oedd y rhaniadau hyn cyn hyned â Hesiod, ond cawsant fri newydd yn yr unfed ganrif ar bymtheg yng ngwaith John Bale, esgob Ossory; gw. Kendrick, *British Antiquity*, pennod v.

118   YR YMARFER O DDUWIOLDEB

   Cyfieithiad o *The Practice of Piety*, 1610, gan Lewis Bayly, gŵr o Gaerfyrddin a fu'n esgob Bangor 1616–31. Adargraffiad, gyda rhagymadrodd gan Syr John Ballinger, Caerdydd, 1930. Fel *Llwybr Hyffordd*, 1630, yr oedd yn un o'r llyfrau a ailargraffwyd, yn 1675, gan fudiadau crefyddol diwedd y ganrif. Gwyddom bellach mai 1629 yw'r dyddiad ar ran o'r argraffiad cyntaf; gw. *Journal Welsh Bibl. Soc.*, IV, 346, a cf. 130 uchod.

   ai ddifeio: a'i gywiro.

119 *caberden:* gaberdine.
   Camden: William Camden (1551–1623). Yn 1586 yr argraffwyd gyntaf ei lyfr enwog *Britannia*; cf. Kendrick, *British Antiquity*, 143; Rowse, *The England of Elizabeth*, 56–9, etc.

120 *Hora: Ars Poetica*, 58–61. ('Bu, a bydd bob amser, yn gyfreithlon i arfer gair newydd ei fathu. Fel y cyfnewid y coed eu dail . . . syrth y rhai cynharaf i'r llawr: felly y diflanna'r geiriau hynaf.') Rhaid darllen *semperque a foliis.*

   neu bregeth am edifeirwch: A Sermon of Repentance, 1582, Arthur Dent, a gyfieithwyd yn 1629.

122   Y BIBL CYSSEGR-LAN

   Gw. *The Bible in Wales*, 1906, 26–9.

124 *Rowland Heylin* (? 1562–1631). Cysylltir ei enw â Phentreheilin, Llandysilio, Sir Drefaldwyn, ond yn Amwythig y ganed ef. Caiff ei enwi ynglŷn â chyhoeddi *Yr Ymarfer o Dduwioldeb* hefyd; cf. *Y Llenor*, XXVII, 63.

Tud.

126
LLWYBR HYFFORDD

Cyfieithiad o *The Plaine Man's Pathway to Heaven*, 1601, Arthur Dent, llyfr ar ffurf ymddiddan rhwng pedwar. Un ohonynt yw *Ceccryn* neu *Cynnenwr* (Saesneg : *a Caviller*), 127. Ymdrinir ag arwyddocâd y rhagymadrodd yn *Y Llenor*, XXVII, 63.

pendafadu: pendifadu, drysu.

127 *ar y gwtta:* ar fyr.

Abigail: gw. 1 Samuel xxv. Yn yr unfed ganrif ar bymtheg daeth yn enw ar forwyn.

129 *Treccyn:* yma, efallai, 'y cerddor,' yn hytrach na'i offeryn. Ar t. 76 o'i gyfieithiad defnyddia Llwyd y gair i gyfeirio at 'Cybydd-dra.'

129 *adrybelydr:* medrus, cyfarwydd.

131 *occreth:* usuriaeth, benthyca ar log.

132
DISCE MORI

Cyfieithiad o *Disce Mori, Learne to Die*, 1600, Christopher Sutton (? 1565–1629). Yn 1852 cafwyd ail gyfieithiad gan Nicander, trwy ddylanwad Mudiad Rhydychen. Ni ddiwygiwyd dim ar destun Rowlands. Dengys llawysgrif arall, N.L.W. 3073, 'A booke of Commonplaces gathered out of sundry writers,' 1636–8, mai ef ei hun oedd y copïydd. Dyfynnir o'r cyflwyniad a'r cyfieithiad yn *Y Llenor*, XXVII, 63.

clwyden: haenen.

i wneuthur brisg: cf. 112.

ac eraill: ar ymyl y ddalen : 'Dr Powel, Dr Vychan, Dr Goodman, Dr Parry, W. Salsbury.'

133 *poenus:* gofalus ; cf. 134.

134 *sic parvis componere:* Virgil, *Ecl.*, I, 24. (Felly yr arferwn gymharu pethau bychain â phethau mawrion.)

ond i fod: 'peys bydde' (ymyl y ddalen).

syltae: darll. *sylltae* = sillafau.

yr hen fardd: Horas, *Carm.*, II, 16, 27–8. ('Nid oes dim yn gwbl ddedwydd.')

136
TESTUN Y TESTAMENT NEWYDD

'Talgrynniad' neu grynhoad o'r Testament mewn penillion, wedi ei fwriadu fel 'mnemosynon' (137). Rhoddir enghreifftiau o'r penillion gan T. H. Parry-Williams yn *Canu Rhydd Cynnar*, xlvi–xlviii, ond anghywir yw'r awgrym i Richard Jones farw cyn i'r llyfr ymddangos.

ymweled a m fi: trwy beri ei ddiarddel o fywoliaeth Llanfair.

Tud.

142 PRIFANNAU CREFYDD GRISTNOGAWL

Un o bedwar llyfr a gyhoeddodd Vaughan yn 1658. Enwir yr awduron Saesneg eraill ar 142, ac argreffir y cyflwyniadau yn *Hen Gyflwyniadau* (gol., Henry Lewis), 19–23. Y mae dwy ran i'r *Prifannau,* ond cyfetyb y ddwy i gatecism yr Esgob Ussher, *The Principles of Christian Religion: with a briefe method of the body of Christian religion . . .,* 1644. Anghywir yw awgrym y Dr. Islwyn Davies (*Cylchgrawn Llyfrgell Genedlaethol Cymru,* IV, 89–90) am ffynhonnell y llyfr.

serrio: gwneud yn ddideimlad.

Anghrogynniaid: cyfieithiad llythrennol yn cyfateb i 'Independents' (gw. *Geiriadur Prifysgol Cymru*), i'w gwahaniaethu oddi wrth y 'crogynniaid o bresbiteriaid.' Y mae'n bosibl y cofiai Vaughan am ystyr arall y gair 'crogyn,' a welir yn ymadrodd Ellis Wynne, 'crogyn ystyfnig.'

144 GALWAD I'R ANNYCHWELEDIG

Cyfieithiad o lyfr Richard Baxter, *A Call to the Unconverted,* 1657, cyfrol a luniodd Baxter ar gais yr esgob Ussher. Yr oedd hwn drachefn yn un o'r cyfieithiadau y bu Thomas Gouge a'r 'Welsh Trust' yn eu dosbarthu'n ddiweddarach.

sutt ansuttiol: pryd anweddus.

147 *cethin:* rhuddgoch, ffyrnig ; cf. *cethnïo* = brawychu, ffyrnigo.

148 *hawnt:* cf. *Kynniver Llith a Ban,* adargraffiad 1931, 156.26, 'A gwedy dyuot Petr yw hawnt ehunan' (Actau xii, 11 'A Phedr wedi dyfod atto ei hun . . .').